# SHABBY NÄHEN

# SHABBY NÄHEN

LISE MEUNIER

## 40 bezaubernde Projekte

FOTOS
FRÉDÉRIC LUCANO

STYLING
LÉLIA DESHAYE

CHRISTIAN

Ich bin groß geworden beim Rattern der Nähmaschine, in der fieberhaften Hektik, die jedes Frühjahr ausbrach, wenn das Esszimmer meiner Großmutter sich in ein Nähatelier verwandelte.

Ich habe Stunden damit zugebracht, unter dem Tisch versteckt wie eine kleine Maus, mir Geschichten über ein Stück Stoff auszudenken, ganze Familien von Knöpfen, Garnen und Fäden in allen Farben ins Leben zu rufen. Fasziniert habe ich beobachtet, wie großartige Strickarbeiten Form angenommen haben und glänzende Kostüme von geschickten Händen geboren wurden – einzigartige, magische Momente, die mich dahin gebracht haben, wo ich heute bin.

Dennoch hat es mich einige Zeit gekostet, die Handhabung der Nadel auf meine Art auszuprobieren. Anlässlich meines ersten Einzugs in ein typisches Pariser Apartment – klein und düster – habe ich nach Dekorationslösungen gesucht, um den Raum aufzuhellen und zu erweitern, um die Möbel, die mir meine Familie gegeben hat, ohne große Mittel aufzuwerten, um die schönen alten Stoffe zu verarbeiten, die Spitzen und Quasten, die ich in Trödelläden und auf Flohmärkten gesammelt habe. Damals habe ich den Shabby-Stil entdeckt, eine schöne Mischung aus Recycling, einer deutlich erkennbaren Patina, schönen Stoffen und hübschen Objekten, ohne jedoch zeremonieller Romantik und der Anhäufung begnadeter antiker Objekte zu verfallen. Ich musste mich daranmachen, Objekte zu ändern, anzumalen und anzupassen … Alles, was ich liebend gern mache! Endlich hatte ich das Glück, meine eigenen Kreationen zu schaffen. Ich hoffe, dank dieses Buchs springt der Funke der Leidenschaft für Dekoration und Nähen auf Sie über, sei es mit einfachen oder anspruchsvollen Objekten.

Ich widme dieses Buch allen Frauen meiner Kindheit, die mir so große Freude bereitet haben.

## ICH BIN GROSS GEWORDEN BEIM RATTERN DER NÄHMASCHINE

DMC

# ATELIER-ATMOSPHÄRE

SCHÜRZE
10
STUHLAUFLAGE
14
BLUMIGE BEHÄLTER
16
SPULENREIHEN
20
FEDERMÄPPCHEN
22
NADELROLLE
24
WOLLKORB
26
SCHLÜSSELBRETT
30
NADELKISSEN
32
BAUMWOLLSÄCKCHEN
34
SCHIEFERTAFEL
38
ETIKETTEN FÜR EINMACHGLÄSER
40

10

# SCHÜRZE

# 12

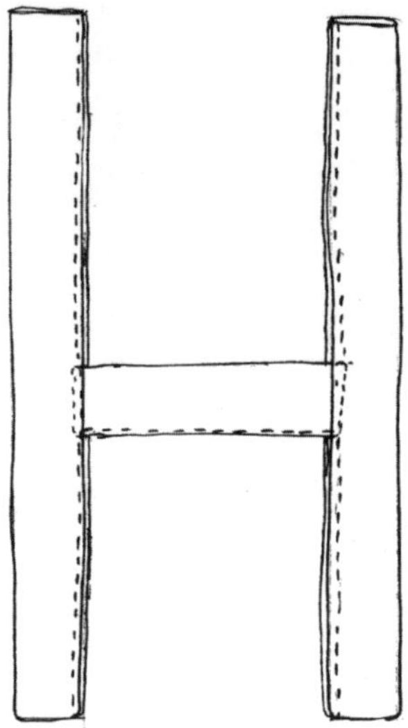

1 m Leintuch in Blau, 1,40 m breit
40 x 25 cm bedruckter Stoff für die Tasche und den Knopf
70 cm gestickte Bordüre von einem alten Kleidungsstück oder Kopfkissenbezug
1 Knopf zum Überziehen, 23 mm Durchmesser
Schnittmusterpapier
passendes Nähgarn
Stecknadeln

---

**01.** Das Schnittmuster, das Sie auf dem Schnittmusterplan finden (siehe Seite 120), auf dem Papier nachzeichnen und ausschneiden. Den blauen Leinenstoff zur Hälfte legen und die Teile des Schnittmusters aufstecken: die halbe Schürze am Stoffbruch anlegen, dann die Träger. Alle Teile knapp aus dem Stoff zuschneiden (die Nahtzugaben sind bereits berücksichtigt).

**02.** Die Rundungen der Armausschnitte alle 1,5 cm einschneiden und dann den Stoff 3 cm doppelt umschlagen und feststecken. Die Oberkante der Schürze, die Seitenkanten und die Unterkante zuerst 1 cm umschlagen, dann ein zweites Mal 3 cm umschlagen und an der Stoffkante feststecken.

**03.** Die Träger rundherum 0,5 cm einschlagen und bügeln. Dann die Träger der Länge nach zur Hälfte legen und bügeln. Das Zwischenstück ebenfalls rundherum einschlagen, der Länge nach zur Hälfte legen und bügeln. Dann das Zwischenstück in 35 cm Höhe zwischen die offenen Kanten der beiden Träger legen und feststecken. Die Träger der Länge nach absteppen.

**04.** Die Träger oben, an beiden Außenkanten, unter dem Schürzenlatz feststecken. Die Träger feststeppen, dabei ein Rechteck nähen und dieses nochmals über Kreuz steppen. Die Trägerenden auf die gleiche Weise an das Rückenteil der Schürze nähen, 8 cm von der Seitenkante entfernt. Die Stickbordüre oben an den Schürzenlatz stecken und aufsteppen.

**05.** Für die Schürzentasche aus dem bedruckten Stoff das Rechteck zuschneiden und oben die Stickbordüre rechts auf links aufstecken. Mit 5 mm Kantenabstand aufsteppen, dann den Umschlag zur rechten Seite legen und bügeln. Die übrigen drei Seiten 1 cm einschlagen, die Ecken abschrägen und die Schürzentasche bügeln. Die Tasche auf der Schürzenmitte feststecken und an drei Seiten feststeppen.

**06.** Den Knopf mit dem bedruckten Stoff überziehen. Den Knopf an die rechte Rückseite der Schürze nähen. Passend zum Knopf auf der linken Seite waagerecht ein 2 cm langes Knopfloch schneiden und im Knopflochstich versäubern.

14

# STUHLAUFLAGE

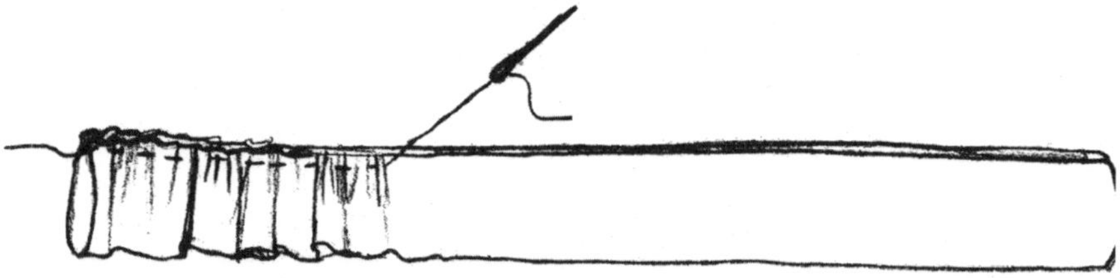

Leintuch
weißer Faden
Stecknadeln

---

**01.** Aus dem Leintuch ein Quadrat in der Größe zuschneiden, die für den Stuhl erforderlich ist, dabei auf jeder Seite 1 cm zugeben. Dazu einen Streifen von 9 cm Höhe zuschneiden, der 8-mal so breit wie eine Seite des Quadrats ist.

**02.** Den Streifen oben der Länge nach zweimal 1 cm umlegen. An der Seite ohne Einschlag einen Kräuselfaden durchziehen.

**03.** Den Streifen kräuseln (Kräuselfaden anziehen) und rundherum rechts auf rechts an das Quadrat stecken. Mit 1 cm Kantenabstand absteppen, die Nahtzugaben auseinanderbügeln.

# BLUMIGE BEHÄLTER

DMC
C·B
BRODER A LA CROIX
116
COULEUR SOLIDE
20
12 Echeveaux de 32 Mètr
36

# 18

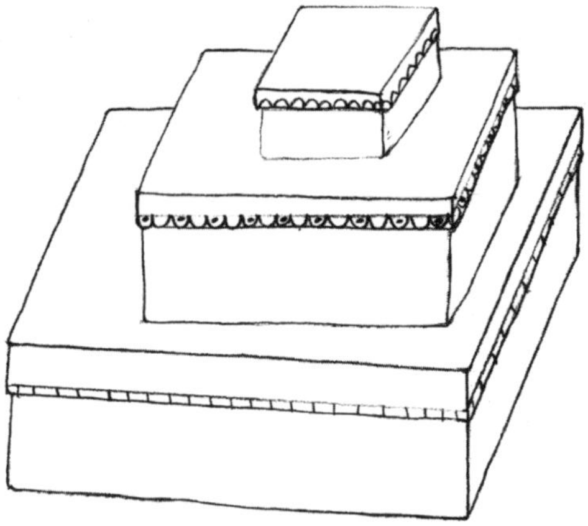

Schachteln in verschiedenen Größen
geblümte Stoffe
flüssiger Textilklebstoff
Litzen/Borten
Pinsel

**01.** Die Seiten einer Schachtel messen und aus dem Stoff einen Streifen mit diesen Maßen zuschneiden, dabei für den Umschlag 1 cm zugeben. Die Schachtel mit Klebstoff bestreichen und den Stoff aufkleben, dabei die Umschläge jeweils überlappen lassen. Ist Ihre Schachtel mit Motiven bedruckt, die durch den Stoff zu sehen sind, sollten Sie Ihre Schachtel vorher weiß anmalen und trocknen lassen, ehe Sie sie mit Stoff bekleben.

**02.** Ein Stück Stoff für den Deckel zuschneiden (Oberseite und Seiten). Den Deckel mit Klebstoff bestreichen und den Stoff mittig aufkleben. Den Stoff an den Ecken einschneiden und über die Deckelseiten kleben. Trocknen lassen.

**03.** Am Deckelrand eine Borte ankleben und die gesamte Oberfläche mit Klebstoff bestreichen, um den Stoff zu verstärken.

**04.** Auf die gleiche Weise kann man Schachteln mit Papier von fotokopierten Stoffmotiven beziehen und diese ebenfalls mit Borten verzieren.

## 21

# SPULENREIHEN

rechteckiger Bilderrahmen
ein mittelgroßes Brett, 5 mm Stärke, in den Maßen des Innenrahmens
dünner Karton in den Maßen des Bretts
ein Stück Stoff, etwas größer als das Brett
9 Zimmermannsnägel, 7 cm lang
mehrere Spitzenbänder in der Länge der Brettbreite
Stoffkleber
Pinsel

---

**01.** Den Stoff bügeln und auf das Brett kleben, den überschüssigen Stoff zur Rückseite umschlagen. Die Spitzenbänder auf die gleiche Weise aufkleben.

**02.** Die Markierungen für die Position der Nägel festlegen, dann die Nägel leicht schräg geneigt einschlagen, dazu einen Keil benutzen, um bei allen Nägeln die gleiche Schräge zu erhalten.

**03.** Das bezogene Brett in den Rahmen geben und auf die Rückseite den Karton kleben.

# 22

23

# FEDERMÄPPCHEN

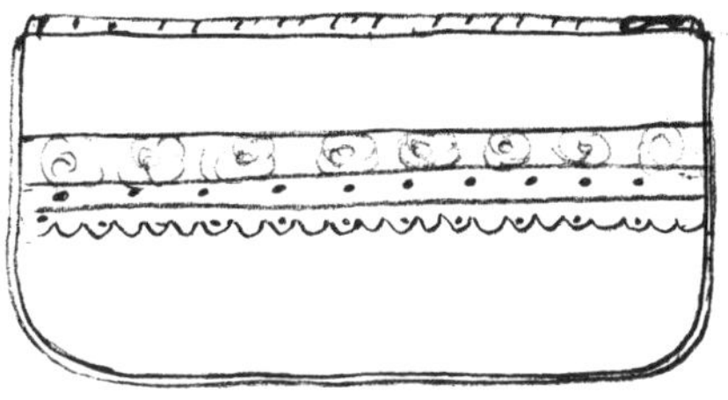

2 unterschiedlich bedruckte Stoffrechtecke, 12 x 21 cm
2 Rechtecke aus weißer Baumwolle, 12 x 21 cm
3 Spitzenbänder, 21 cm lang
weiße Paspel, 37 cm lang
weißer Reißverschluss, 18 cm lang
Schnittmusterpapier
farblich passendes Nähgarn
Stecknadeln

**01.** Das Schnittmuster (siehe Seite 121) kopieren, um die Originalgröße zu erhalten. Das Schnittmuster auf Schnittmusterpapier und dann auf die linke Seite des bedruckten Stoffs und auf den weißen Stoff übertragen. Mit 1,5 cm Nahtzugabe an der oberen Eingriffsseite und 1 cm Nahtzugabe an den übrigen drei Seiten aus dem Stoff schneiden.

**02.** Drei Spitzenbänder waagerecht von einer Seite zur anderen auf ein Stück bedruckten Stoff legen und mit der Hand oder der Maschine aufnähen.

**03.** Die beiden bedruckten Stoffteile rechts auf rechts aufeinanderlegen. Die Paspel an drei Seiten zwischen die beiden Stofflagen legen und feststecken, dann mit der Maschine mit 1 cm Kantenabstand rundherum absteppen. An den Rundungen den Stoff einschneiden.

**04.** Den Reißverschluss öffnen und jeweils an einer Öffnungsseite des Mäppchens auf der linken Seite des Stoffs feststecken. Mit 1 cm Kantenabstand an der Maschine mit einem Reißverschlussfuß festnähen. Haben Sie keinen speziellen Nähfuß für Reißverschlüsse, nähen Sie mit einem klassischen Nähfuß und beenden die Naht von Hand. Das Federmäppchen nach rechts wenden.

**05.** Die beiden Teile aus weißer Baumwolle übereinanderlegen und die beiden Seitennähte und die untere Naht mit 1 cm Kantenabstand schließen. An den Rundungen den Stoff einschneiden und eventuell den Stoff etwas zurückschneiden. An der Öffnungsseite den Stoff 1 cm zur linken Seite des Futters einschlagen und rund um die Öffnung absteppen.

**06.** Das Futter in das Mäppchen stecken und mit Staffierstichen von Hand annähen.

# NADELROLLE

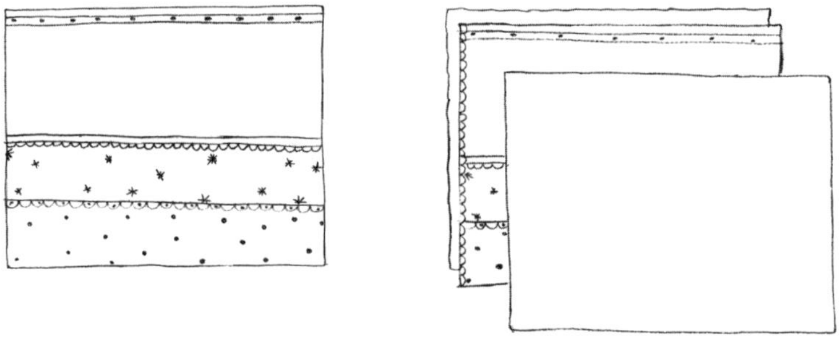

2 Rechtecke aus Leintuch aus Mischgewebe, 44 x 42 cm
44 x 42 cm Molton
44 x 22 cm sowie 110 x 10 cm geblümter Stoff
44 x 12 cm anders geblümter Stoff
4 Bänder verschiedene Spitzen und Spitzenbordüren, 44 cm lang
2 Bänder Spitze, 42 cm lang
weißes Nähgarn
Stecknadeln

---

**01.** Auf die beiden Rechtecke aus Mischgewebe in 4 cm Höhe jeweils ein Spitzenband nähen. Jeweils die Längsseiten der geblümten Rechtecke 1 cm doppelt umschlagen und mit der Maschine absteppen. Auf diesen Saum auf der rechten Stoffseite mit der Maschine ein Spitzenband nähen.

**02.** Beide geblümten Rechtecke auf die rechte Seite eines Stücks Mischgewebe aufstecken. Den Molton auf die Rückseite des Rechtecks aus Mischgewebe stecken.

**03.** Auf dieses Rechteck senkrecht zwei Spitzenbänder stecken: das eine kantengleich mit der linken Rechteckkante und das andere kantengleich mit der rechten Rechteckkante. Das zweite Rechteck aus Mischgewebe rechts auf rechts über das erste legen und mit 1 cm Kantenabstand absteppen, dabei eine Öffnung von 12 cm lassen. An den Ecken den Stoff zurückschneiden und das Teil wenden. Die Öffnung mit Staffierstichen von Hand schließen und das Teil bügeln.

**04.** Für das Verschlussband das 110 cm lange Stoffband der Länge nach rechts auf rechts zur Hälfte legen. Die drei Seiten mit 1 cm Kantenabstand absteppen, dabei in der Mitte eine Öffnung zum Wenden lassen. An den Ecken den Stoff zurückschneiden, wenden, bügeln und die Öffnung schließen.

**05.** Das Verschlussband mittig auf der Rückseite der Nadelrolle so feststecken, dass es an beiden Seiten gleich lang übersteht. Im Abstand von etwa 10 cm die Nadelrolle dreimal absteppen und dabei das Verschlussband miterfassen.

26

# WOLLKORB

# 29

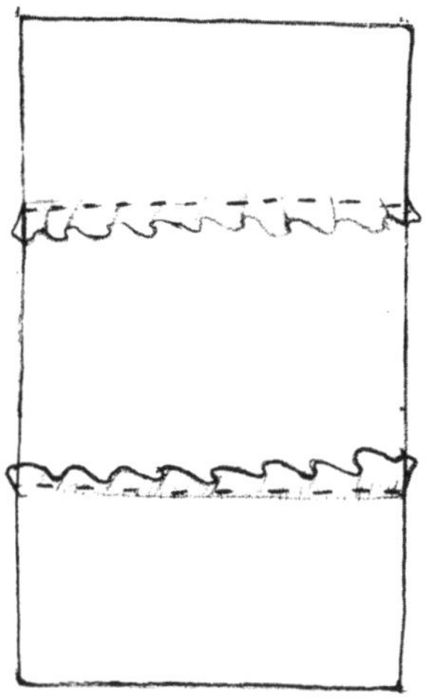

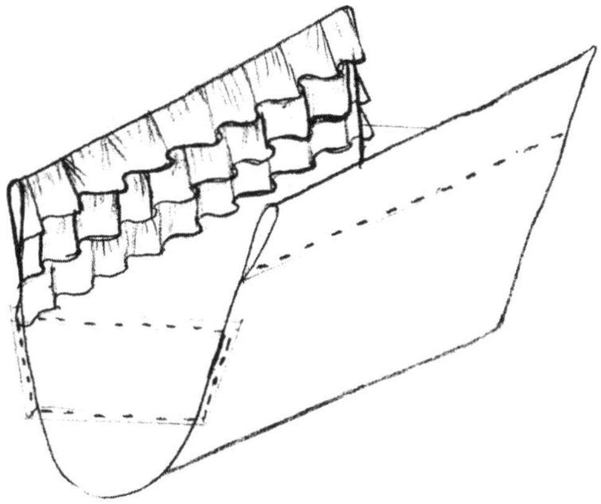

46 x 76 cm weißes Leintuch
2 Rechtecke aus weißem Leintuch, 28 x 18 cm
6 Streifen aus weißem Leintuch, 90 x 18 cm
4 Streifen aus weißem Leintuch, 25 x 3 cm
weißer Faden
Stecknadeln

---

**01.** Bei einem 90 cm langen Streifen die Längskante 1 cm einschlagen und bügeln, die andere Längskante 1 cm doppelt einschlagen und absteppen. An der gebügelten Kante einen Kräuselfaden durchziehen, den Faden anziehen und den Streifen kräuseln, sodass ein Volant mit 42 cm Länge entsteht. Die anderen fünf Streifen auf die gleiche Weise bearbeiten.

**02.** Beim großen Rechteck beide Längskanten 1 cm doppelt einschlagen und absteppen. Beide Kanten an der Breitseite 3 cm nach innen schlagen und schmalkantig absteppen.

**03.** Die Volants parallel zur schmalen Kante symmetrisch oben und unten mit Stecknadeln auf das Rechteck stecken: an beiden Seiten den ersten Volant 9 cm von der Kante entfernt, den nächsten, der über dem ersten liegt, 6 cm und den dritten 3 cm von der Kante entfernt, anstecken. Jeder Volant überlappt den anderen um 2 cm. Die Volants aufnähen.

**04.** Jede Seitenkante nochmals bis zum nächsten Volant umschlagen und 3 cm einschlagen. Diesen Umschlag absteppen, dabei darauf achten, dass Sie den Volant nicht am Stoff festnähen.

**05.** Auf die zwei kleinen Rechtecke Trapeze zeichnen (siehe Zeichnung oben), die Trapeze ausschneiden und an allen vier Kanten 1 cm doppelt einschlagen und bügeln. An den Ecken den Stoff zurückschneiden und den Saum absteppen.

**06.** Das Rechteck mit den Volants rechts auf rechts zur Hälfte legen und die rechte Seite der Trapeze (die längere Breitseite oben) auf die linke Seite des Rechtecks, 10 cm von der oberen Kante des Rechtecks, stecken. Mit 5 mm Kantenabstand absteppen und wenden.

**07.** Bei den vier 25 cm langen Streifen zuerst alle vier Kanten 5 mm umschlagen und bügeln, dann die Streifen der Länge links auf links nach zur Hälfte legen und die drei Seiten knappkantig absteppen. Die entstandenen Bänder zur Hälfte legen und am Falz in 9 cm Höhe an die Seiten des Rechtecks nähen.

**08.** Die Arbeit bügeln und am Gestell befestigen. Die vier Bänder an die Pfosten des Gestells binden.

MESSAGE
Remember me...

# SCHLÜSSELBRETT

lufttrocknende weiße Knetmasse
Acrylfarbe in Creme
Mattlack
dünner Bindfaden
Baumwollband
Pauspapier
Holzspieß
Cutter
Nudelholz
dünner Pinsel
dicke Nadel

---

**01.** Die Schablonen abpausen und ausschneiden (siehe Seite 122).

**02.** Die Knetmasse bearbeiten und mit dem Nudelholz auf 5 mm Dicke ausrollen.

**03.** Die Schablonen auf die Knetmasse legen und mit dem Cutter rundherum ausschneiden. Mit dem Holzspieß in jede Form ein kleines Loch stechen und mit der Nadel die Motive aufzeichnen. Bei Unebenheiten die Knetmasse leicht anfeuchten und glatt streichen, dann trocknen lassen.

**04.** Die Formen anmalen und auf der rechten Seite mit Lack überziehen. Durch jede Form ein Band ziehen, an dem die Schlüssel befestigt werden.

# NADELKISSEN

Kerzenhalter (aus Holz, Kupfer oder Messing)
weiße Grundierfarbe
blaue Farbe
Zeichenkarton, 3 mm Stärke
Stoffreste
Spitze
Füllmaterial
farblich passende Garne
Pinsel
Klebstoff (stark)
Zirkel

---

**01.** Den Kerzenhalter mit der Grundierfarbe weiß anmalen und trocknen lassen. Dann blau anmalen und gut trocknen lassen.

**02.** Mit dem Zirkel auf den Zeichenkarton einen Kreis mit dem gewünschten Durchmesser zeichnen, ausschneiden und auf den Kerzenhalter kleben.

**03.** Aus dem Stoff einen Kreis ausschneiden, der doppelt so groß wie der Kartonkreis ist. Den Stoffkreis mit einem doppelten Kräuselfaden einfassen.

**04.** Auf den Karton Füllmaterial geben, den Stoffkreis mittig darüberlegen und den Kräuselfaden anziehen. Den Stoff um den Kerzenhalter fest anziehen und den Kräuselfaden gut vernähen.

**05.** Die Spitze in Höhe des Kartons rundherum annähen.

28

# BAUMWOLLSÄCKCHEN

38 x 26 cm gestreifter Stoff
38 x 12 cm weißes Leintuch
9 x 7 cm bedruckter Stoff
ein gesticktes Monogramm, oval zugeschnitten
19 cm Spitzenband
50 cm Leinenband
weißes und farblich passendes Nähgarn
Stecknadeln

---

**01.** Die kleinen bedruckten Rechtecke an allen vier Seiten 1 cm einschlagen. Die Seiten des Monogramms ebenfalls rundherum 1 cm einschlagen und auf die Mitte eines kleinen bedruckten Rechtecks steppen. Dann das Rechteck auf ein gestreiftes Rechteck nähen, 3 cm vom unteren Rand und 2 cm von der rechten Seitenkante entfernt.

**02.** Die obere Kante des gestreiften Stoffs und eine Längsseite des weißen Stoffs versäubern. Die versäuberten Kanten rechts auf rechts legen, feststecken und mit 1 cm Kantenabstand absteppen; die Nahtzugaben auseinanderbügeln. Die Kanten versäubern, das Rechteck rechts auf rechts zur Hälfte legen, sodass ein Rechteck von 36 x 19 cm entsteht. Das Spitzenband unten am Beutel zwischen den beiden Stofflagen so feststecken, dass die Spitze bei der Naht mit erfasst wird.

**03.** Die Unterseite und die Seitennaht mit 1 cm Kantenabstand schließen, dabei in 5 cm Höhe eine Öffnung von 1 cm lassen. Den weißen Stoff 1 cm nach innen umschlagen (links auf links), dann 6 cm umschlagen und rund um die Öffnung knappkantig absteppen. Dann 1 cm darunter nochmals absteppen. An den Ecken den Stoff zurückschneiden. Den Beutel wenden, mit einer Sicherheitsnadel eine Leinenschnur durch den Tunnel ziehen. Andere Modelle auf die gleiche Weise anfertigen.

24
16

# 39

# SCHIEFERTAFEL

mittelgroßes Brett, 60 x 40 cm, 1 cm stark
Farbe in Schiefer
30 cm Leinenschnur
Schweifsäge
Handbohrer mit einem feinen Holzbohrer
feines Sandpapier
kleine Malerrolle oder großer Pinsel
kleiner Pinsel

---

**01.** Die Vorlage (siehe Seite 139) mit dem Kopierer vergrößern, ausschneiden und auf das Holz übertragen.

**02.** Mit der Schweifsäge das Motiv rundherum entlang der Konturen exakt ausschneiden.

**03.** Mit dem Handbohrer oben in der Mitte ein Loch bohren. Das ausgeschnittene Teil mit dem Sandpapier abschleifen und anschließend die Staubreste entfernen.

**04.** Die Farbe mit der Rolle oder dem großen Pinsel aufbringen, die Seiten mit dem kleinen Pinsel anmalen. Nach den Angaben des Herstellers trocknen lassen. Einen zweiten Anstrich vornehmen und erneut trocknen lassen.

**05.** Durch das Loch eine Schnur zum Aufhängen der Schiefertafel fädeln.

# ETIKETTEN FÜR EINMACHGLÄSER

Reste von verschiedenen Bändern und Litzen
Reste von weißem Stoff, Druckstoffen und Monogrammen
Klebebuchstaben
Acrylfarbe
kleine Knöpfe
farblich passendes Nähgarn
Stecknadeln

---

**01.** Aus dem weißen Stoff ein Rechteck von 7 x 5 cm zuschneiden, rundherum 5 mm einschlagen und den Umschlag durch Bügeln fixieren.

**02.** Dieses Etikett nach Belieben beschriften und mittig auf ein Band oder eine Litze nähen.

**03.** Das Etikett auf einem Einweckglas positionieren, die Bänder rund um das Glas legen und auf der Rückseite zusammennähen.

**04.** Weitere Etiketten auf die gleiche Weise arbeiten, etwa mit einem Monogramm, mit über das Etikett gelegten Spitzenbändern, mit einer Kombination aus Bändern, Litzen und Gläsern u. a.

boutons

# STIMMUNGSVOLLES WOHNZIMMER

STUHLHUSSE
46
OBST UND GEMÜSE
48
RAHMEN FÜR ALLERLEI
52
LAMPENSCHIRM
54
ÜBERZÜGE FÜR VASEN
56
GROSSE EINKAUFSTASCHE
60
BROTKORB
62
NOTIZBÜCHER
64
TISCHTUCH & SERVIETTEN
68
HERZKISSEN
72
KRANZKETTE
74
ARMSTUHL
76
RECHTECKIGES KISSEN
78
SONNENKISSEN
80
STATUE AUS GIPS
82

# STUHLHUSSE

50 cm bedruckter Stoff
farblich passendes Nähgarn
farbiges Leintuch, 80 x 100 cm
Stecknadeln

**01.** Den Stuhl abmessen, dabei bei den hinteren Stuhlbeinen beginnen, dann die Rückenlehne (hinten und vorne), die Sitzfläche und zum Schluss die vorderen Stuhlbeine. Zum Schluss auch noch die Breite des Stuhls messen (siehe Seite 123). Aus dem Stoff ein großes Band mit diesen Maßen zuschneiden, dabei an allen Seiten 2 cm Stoff für die Nahtzugaben zugeben. Ist der Stoff nicht lang genug, weitere Stoffteile zuschneiden, zusammennähen und die Nahtzugaben auseinanderbügeln.

**02.** Für die Seitenteile die Seitenlänge der Sitzfläche messen (Stuhlbeinhöhe x Länge der Sitzfläche) und rundherum 2 cm für die Nahtzugabe zugeben. Aus dem Stoff zwei Teile mit diesen Maßen zuschneiden.

**03.** Beim großen Band den Stoff rundherum doppelt einschlagen und absteppen. Bei den Seitenteilen den Stoff oben und unten doppelt einschlagen und absteppen.

**04.** Die Husse über den Stuhl legen und die Seiten abstecken. Die Husse vom Stuhl nehmen und die Seitennähte rechts auf rechts schließen. Die Nahtzugaben auseinanderbügeln.

**05.** Auf den bedruckten Stoff ein Herz malen und entlang der Außenlinien ausschneiden. Das Herz in der Mitte der Rückenlehne aufstecken und rundherum im Kordonnierstich aufnähen.

**06.** Aus dem bedruckten Stoff 12 Streifen mit einer Länge von 32,5 x 2,5 cm zuschneiden. Bei allen Streifen den Stoff rundherum 3 mm einschlagen und die Streifen der Länge nach zur Hälfte legen. Die Nähte an drei Seiten schließen.

**07.** Die Bänder auf der linken Seite der Husse an beiden Seiten in halber Stuhlbeinhöhe und zu Beginn der Rückenlehne aufstecken. Darauf achten, dass die zusammengehörigen Bänder in derselben Höhe liegen. Die Bänder gut festnähen.

Shabby Chic

# OBST UND GEMÜSE

DIE BIRNE

20 cm Leintuch in Beige – 4 cm Draht – Füllmaterial – Stickgarn, glänzend, in Beige – weißes Nähgarn – Stecknadeln

**01.** Die Schablonen (siehe Seite 124) kopieren und die Birne dreimal und das Blatt zweimal auf den Stoff übertragen. Die Formen mit 5 mm Nahtzugabe aus dem Stoff ausschneiden. Ein Rechteck von 4 x 1 cm ebenfalls aus dem Stoff ausschneiden.

**02.** Die drei Stoffstücke der Birne kantengleich rechts auf rechts aufeinanderstecken. Mit der Maschine knappkantig absteppen, dabei oben an der Birne einige Millimeter offen lassen und an einer Naht unten an der Birne einige Zentimeter offen lassen. An den Rundungen den Stoff einschneiden, das Teil wenden. Die Birne mit Füllmaterial füllen und die Öffnung mit der Hand schließen.

**03.** Die beiden Teile des Blatts auf die gleiche Weise zusammennähen, rechts auf rechts, und durch die Öffnung wenden. Die Öffnung von Hand mit Staffierstichen schließen. Die Blattader doppelfädig mit Stickgarn im Vorstich aufsticken.

**04.** Für den Stiel beim kleinen Rechteck die beiden Längsseiten einige Millimeter einschlagen, dann links auf links der Länge nach zur Hälfte legen. Die Längsseite knappkantig absteppen und den Draht in das Innere des Stiels geben. Ein Stielende oben an der Birne in die kleine Öffnung stecken und mit einigen Stichen befestigen. Das Blattende an den Stiel nähen.

# 50

DER KÜRBIS

100 x 15 cm Leintuch in Beige – 9 cm Draht – Füllmaterial – Stickgarn, glänzend, in Beige – weißes Nähgarn – Stecknadeln

**01.** Einen Streifen von 80 x 15 cm zuschneiden und zur Hälfte legen, sodass ein Rechteck von 40 x 15 cm Größe entsteht. Der Breite nach mit 1 cm Kantenabstand mit der Maschine absteppen. Die Nahtzugabe mit dem Bügeleisen auseinanderbügeln und wenden. Unten und oben einen Kräuselfaden einziehen, den unteren Kräuselfaden fest anziehen und die Seite schließen. Den Kräuselfaden sichern. Den Kürbis fest mit Füllmaterial füllen. Den oberen Kräuselfaden anziehen, jedoch noch nicht verknoten.

**02.** Die Schablone (siehe Seite 124) fotokopieren. Den Stoff zur Hälfte legen und darauf die Schablone des Blatts übertragen. Die Form ausschneiden, dabei 3 mm für die Nahtzugabe zugeben. Die beiden Blattteile rechts auf rechts aufeinanderlegen und feststecken und mit 3 mm Kantenabstand rundherum absteppen, dabei eine Öffnung von 3 cm lassen. An den Rundungen den Stoff einschneiden, das Teil wenden und die Öffnung von Hand schließen. Die Blattader doppelfädig mit Stickgarn im Vorstich aufsticken.

**03.** Aus dem Stoff einen Streifen von 10 x 3 cm ausschneiden und rundherum 5 mm einschlagen. Den Draht in die Mitte legen und den Streifen links auf links der Länge nach zur Hälfte legen. Die drei Seiten absteppen.

**04.** Den restlichen Stoff zur Hälfte legen, den Kürbisstiel darauf übertragen und aus dem Stoff mit 3 mm Nahtzugabe ausschneiden. Die beiden Teile rechts auf rechts aufeinanderlegen, feststecken und absteppen, dabei eine Öffnung lassen. An den Rundungen den Stoff einschneiden und das Teil wenden (mithilfe einer Stricknadel kann man noch die Enden ausstülpen). Mit Füllmaterial füllen und die Öffnung von Hand schließen. Den Blattstiel an die Rückseite des Blatts nähen. Das andere Blattstielende und das Ende des Kürbisstiels in den Kürbis stecken; mit einigen Stichen befestigen und die Öffnung schließen. Dazu den Kräuselfaden fest verknoten.

**05.** Mit einer großen Sticknadel mit Stickgarn unten am Kürbis einstechen und oben am Kürbisstiel wieder ausstechen. Dann unter der Mitte wieder einstechen. Diesen Vorgang einige Male wiederholen, um die Bereiche des Kürbis abzugrenzen.

51

DER BLUMENKOHL

45 x 20 cm Leintuch in Beige – 40 x 20 cm Leintuch in Weiß – Füllmaterial – Stickgarn, glänzend, in Beige – weißes Nähgarn – Stecknadeln

**01.** Die Vorlage (siehe Seite 124) kopieren. Das größere Rechteck zur Hälfte legen, sodass ein Rechteck von 45 x 10 cm Größe entsteht, und darauf fünfmal das Blatt übertragen. Aus dem Stoff ausschneiden, dabei eine Nahtzugabe von 3 mm zugeben.

**02.** Um die Blätter zu gestalten, jeweils zwei Teile rechts auf rechts aufeinanderlegen, feststecken und mit 3 mm Kantenabstand rundherum absteppen, dabei eine Öffnung von 3 cm lassen. An den Rundungen den Stoff einschneiden, das Blatt wenden und die Öffnung von Hand schließen. Die Kanteneinfassung und eine Blattader in der Mitte im Vorstich doppelfädig besticken.

**03.** Aus dem weißen Stoff einen Kreis mit 13 cm Durchmesser und zwölf Kreise mit 5 cm Durchmesser ausschneiden. An der Außenkante eines jeden Kreises einen Kräuselfaden einziehen, den Kreis mit Füllmaterial füllen und den Kräuselfaden festziehen.

**04.** Die kleinen Kugeln über die große Kugel nähen, dabei die Kugeln locker übereinanderlegen. Rundherum die Blätter so aufstecken, dass sie den Blumenkohl bis hinunter bedecken und sich unten um 1 bis 2 cm überlappen. Die Nähte mit unsichtbaren Stichen schließen.

# RAHMEN FÜR ALLERLEI

Rahmen
Zeichenkarton, 4 mm Stärke, in den Maßen des Innenrahmens
Molton von der Rolle, in den Maßen des Innenrahmens
ein Stück bedruckter Stoff, in der Größe des Außenrahmens
Acrylfarbe in Blau
Acrylfarbe in Weiß
Pinsel
2 Spitzenbänder, in der Rahmenbreite
Stecknadeln
Sandpapier, fein und grob

---

**01.** Den Rahmen in zwei Schichten in Blau anmalen. Gut trocknen lassen. Dann den Rahmen in Weiß anmalen und erneut gut trocknen lassen. Den Rahmen mit dem verschiedenen Sandpapier abreiben, sodass die weiße Farbe abgetragen wird und die blaue Farbe wieder zum Vorschein kommt.

**02.** Auf den Zeichenkarton die innere Form des Rahmens übertragen und ausschneiden. Das Molton auf den Karton legen und dann den Stoff darüber. Den Stoff über die Kartonkante schlagen und rundherum mit Stecknadeln gut feststecken. Die Spitzenbänder waagerecht auf den Stoff legen und in gleicher Weise feststecken.

**03.** Den Karton in den Rahmen geben. Gegebenenfalls auf der Rückseite mit kleinen Nägeln sichern.

# LAMPENSCHIRM

Lampenschirm aus weißer Baumwolle
weißer Baumwollstoff, 6 cm breit, 2-mal die Länge des Lampenschirmumfangs
weißer Baumwollstoff, 4 cm breit, 2-mal die Länge des Lampenschirmumfangs
weißes Nähgarn
Stecknadeln

**01.** Die Stoffstreifen der Länge nach zur Hälfte legen und den Bug mit dem Bügeleisen markieren.

**02.** Das 4 cm breite Band so auf das 6 cm breite Band legen, dass die Mittelfalten übereinanderliegen.

**03.** Einen Kräuselfaden durch die Mitte ziehen und die Streifen auf die Länge des Umfangs des Lampenschirms einkräuseln.

**04.** Diesen Volant so auf den Lampenschirm stecken, dass der Kräuselfaden auf dem unteren Rand des Lampenschirms liegt. Den Volant von Hand über dem Kräuselfaden an den Lampenschirm nähen.

# ÜBERZÜGE FÜR VASEN

# 59

bedruckter Stoff
Bänder, Spitzen, Litze
Stoffkleber
Pinsel
farblich passendes Nähgarn
Stecknadeln

---

**01.** Eine Vase abmessen und aus dem Stoff einen Streifen zuschneiden, dabei an jeder Seite 1 cm zugeben. Den Stoff rundherum 1 cm einschlagen und mit dem Bügeleisen den Einschlag markieren.

**02.** Bänder, Spitzen und Litzen oben und unten am Überzug sowie in unterschiedlichen Höhen aufstecken. Diese mit der Maschine aufsteppen oder mit dem Stoffkleber aufkleben.

**03.** Den Überzug rechts auf rechts zur Hälfte legen und mit 1 cm Kantenabstand die Längsnaht schließen.

**04.** Die Nahtzugaben auseinanderbügeln und den Überzug wenden. Den Überzug über die Vase ziehen. Man kann auf dem Überzug auch einen Knopf, eine Perle oder ein anderes dekoratives Element anbringen.

# GROSSE EINKAUFSTASCHE

3 Rechtecke, 98 x 42 cm: 2 aus Leintuch und 1 aus Vlies, beidseitig aufbügelbar
6 Rechtecke, 22 x 38 cm: 4 aus Leintuch und 2 aus Vlies, beidseitig aufbügelbar
3 Streifen aus unterschiedlich bedrucktem Stoff, 66 x 22 cm, 54 x 18 cm, 40 x 12 cm
2 Streifen aus Leintuch, 34 x 6 cm
2 Streifen aus bedrucktem Stoff, schräg zugeschnitten, 100 x 4 cm, für die Seiteneinfassung
1 Streifen aus bedrucktem Stoff, schräg zugeschnitten, 130 x 4 cm für die Einfassung am Tascheneingriff
3 große Knöpfe zum Überziehen
Stoffreste
farblich passendes Nähgarn
Stecknadeln

---

**01.** Für die Applikationen die bedruckten Stoffteile der Länge nach rechts auf rechts zur Hälfte legen und mit 1 cm Kantenabstand absteppen, um einen Kreis zu schließen. Dann die Nahtzugaben auseinanderbügeln.

**02.** Die Kreise links auf links zur Hälfte legen und an der offenen Kante einen Kräuselfaden ziehen, dabei die beiden Stofflagen erfassen. Den Kräuselfaden anziehen, um jeden Kreis zu schließen. Die Kreise so auf eines der großen Rechtecke nähen, dass sie sich überlappen.

**03.** Zwischen die beiden großen Rechtecke das Bügelvlies legen und dieses durch Bügeln fixieren. Auf die gleiche Weise die beiden Seitenteile verbinden.

**04.** Die Seiten der Tasche links auf links kantengleich auf die Taschenteile stecken und mit 1 cm Kantenabstand absteppen.

**05.** Die Schrägbänder der Länge nach zur Hälfte legen, dann an jeder Seite nochmals einschlagen (links auf links). Mit dem Bügeleisen die Einschläge fixieren.

**06.** Das Schrägband über der Seitennaht feststecken und absteppen. Den Tascheneingriff ebenfalls mit Schrägband versäubern.

**07.** Für die Henkel die Streifen aus Leintuch der Länge nach zur Hälfte legen und der Länge nach mit 1 cm Kantenabstand absteppen. Mithilfe einer Sicherheitsnadel wenden (die Sicherheitsnadel an einem Streifenende einstecken, in den Schlauch und dann durch den Schlauch schieben, bis sie am anderen Ende wieder herauskommt) und innen an der Tasche, 16 cm von der Seitenkante entfernt, feststecken und gut ansteppen.

**08.** Die Knöpfe mit Stoff überziehen und auf die Mitte jedes Kreises einen Knopf nähen.

# BROTKORB

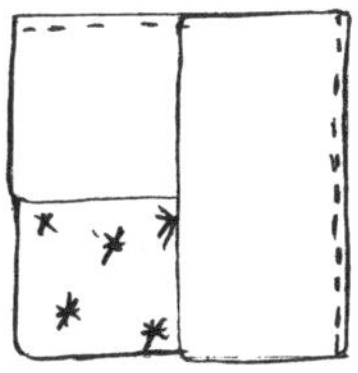

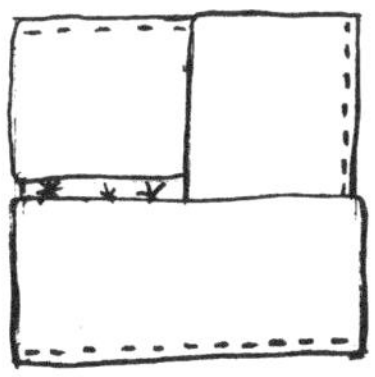

12 Rechtecke, 22 x 12 cm: 4 aus Hanfstoff, 4 aus unterschiedlich bedruckten Stoffen und 4 aus Bügelvlies
3 Quadrate mit 22 cm Seitenlänge: 1 aus Hanfstoff, 1 aus bedrucktem Baumwollstoff und 1 aus Bügelvlies
4 Streifen, 20 x 5 cm: 2 aus bedrucktem Baumwollstoff und 2 aus Bügelvlies
90 cm Spitze oder Litzenband
farblich passendes Nähgarn
Stecknadeln

---

**01.** Auf die Rückseite aller Teile aus bedrucktem Stoff Bügelvlies aufbügeln, ohne Dampf.

**02.** Ein Rechteck aus bedrucktem Stoff mit der Breitseite von 22 cm oben kantengleich rechts auf rechts auf das Quadrat aus bedrucktem Stoff stecken und mit 1 cm Kantenabstand absteppen. Diesen Vorgang an den übrigen drei Seiten des Quadrats wiederholen. Die Nahtzugaben auseinanderbügeln. Die Rechtecke und das Quadrat aus Hanfstoff auf die gleiche Weise zusammenfügen.

**03.** Die Seiten über 12 cm kantengleich rechts auf rechts abstecken und mit 1 cm Kantenabstand absteppen. Die Ecken versäubern.

**04.** Für die Griffe die 20 x 5 cm großen Streifen der Länge nach rechts auf rechts zur Hälfte legen. Mit 5 mm Kantenabstand absteppen, dabei einige Zentimeter offen lassen. Wenden, die Naht schließen und mit dem Bügeleisen bügeln.

**05.** Die Henkel an die linke Seite des Korbteils aus bedrucktem Stoff stecken, jeweils 5 cm von der Außenkante entfernt.

**06.** Die beiden Korbteile rechts auf rechts aufeinanderstecken. Mit 1 cm Kantenabstand absteppen, dabei die Enden der Henkel miterfassen und eine Öffnung von 8 cm lassen.

**07.** Das Teil durch die Öffnung wenden. Das weiße Futter in den Korb stecken, dabei darauf achten, dass die Ecken übereinanderliegen. Die Öffnung mit Staffierstichen schließen. Oben am Korb rundherum die Litze aufstecken und mit unsichtbaren Stichen annähen.

# NOTIZBÜCHER

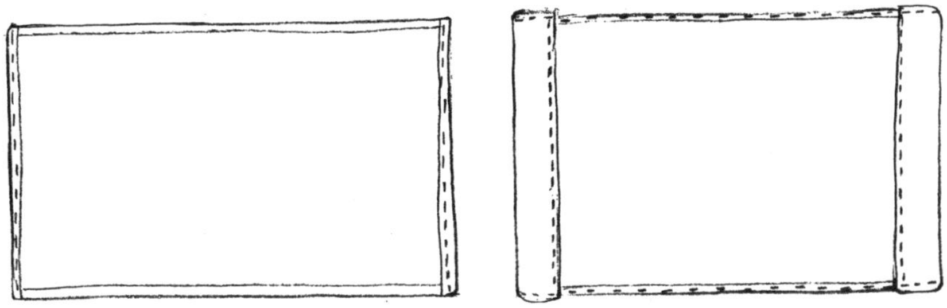

Notizbuch
weißes Leinen
bedruckter Stoff
dünnes Bügelvlies
Stoffkleber
Pinsel
farblich passendes Nähgarn

---

**01.** Aus dem Leinen ein Stück mit den Maßen des Notizbuchs (Vorderseite – Rückseite) zuschneiden, dabei oben und unten 1 cm und an jeder Seite 6 cm Stoff zugeben. Rundherum mit 1 cm einschlagen, bügeln und mit der Maschine absteppen. An beiden Seiten für die Klappen 5 cm einschlagen und knappkantig absteppen.

**02.** Auf die linke Seite des bedruckten Stoffs Bügelvlies aufbügeln. Die Vorlagen (siehe Seite 126 und 127) kopieren, sodass sie eine realistische Größe haben. Die Schablone ausschneiden und die Kontur auf die linke Seite des bedruckten Stoffs übertragen. Die Formen ausschneiden und auf den Umschlag des Notizbuchs kleben. Das Notizbuch einstecken. Auf die gleiche Weise können andere Notizbücher fertiggestellt werden – mit aufgenähten Spitzen und Litzen sowie mit Bändern zum Schließen.

# TISCHTUCH & SERVIETTEN

DAS TISCHTUCH

2,40 x 1,50 m Stoff aus Mischgewebe für das Tischtuch – zwölf Stoffstücke in Blautönen: uni, gefärbt, bedruckt u. a. – Zirkel – farblich passendes Nähgarn – Stecknadeln

**01.** Das Tischtuch rundherum 2 cm doppelt einschlagen, den Umschlag mit dem Bügeleisen fixieren und mit der Nähmaschine absteppen.

**02.** Auf der Rückseite der bedruckten Stoffe an die 30 Kreise mit unterschiedlichen Durchmessern zwischen 6 und 14 cm zeichnen. Diese Kreise mit 1 cm Stoffzugabe ausschneiden und rundherum einfalten.

**03.** Die Zugabe nach hinten umschlagen und bügeln.

**04.** Die Kreise auf das Tischtuch legen, lassen Sie sich dabei vom Schema (siehe Seite 128 und 129) inspirieren: Beginnen Sie in der Mitte, legen Sie die Kreise locker übereinander und gehen Sie dabei immer weiter nach außen.

DIE SERVIETTEN

6 Quadrate mit 40 cm Seitenlänge aus Mischgewebe für die Servietten – Reste aus bedrucktem Stoff für die Kreise – farblich passendes Nähgarn – Stecknadeln

**01.** Die Servietten rundherum 2 cm doppelt einschlagen, den Umschlag mit dem Bügeleisen fixieren und mit der Nähmaschine absteppen.

**02.** Die Schritte 2 und 3 des Tischtuchs für die Herstellung der Stoffkreise wiederholen.

**03.** Auf jede Serviette zwei oder drei Stoffkreise nähen.

# HERZKISSEN

2 Quadrate mit 40 cm Seitenlänge aus weißem Baumwollstoff
1 Quadrat mit 40 cm Seitenlänge aus gepunktetem Stoff
2 Rechtecke, 40 x 25 cm, aus gepunktetem Stoff
Füllmaterial
farblich passendes Nähgarn
Stecknadeln

**01.** Die beiden weißen Stoffquadrate rechts auf rechts übereinanderlegen und feststecken. Auf Papier ein Herz zeichnen, ausschneiden und die Herzform auf den Stoff übertragen. Das Herz mit 1 cm Zugabe aus dem Stoff ausschneiden.

**02.** Die beiden Herzen mit 1 cm Kantenabstand mit der Maschine absteppen, dabei eine Öffnung von 12 cm lassen. An den Rundungen und an der Herzspitze den Stoff einfalten. Den Überzug nach rechts wenden, mit Füllmaterial füllen und die Öffnung mit Staffierstichen schließen.

**03.** Die Herzform auf das Quadrat aus gepunktetem Stoff übertragen und mit 1 cm Zugabe aus dem Stoff schneiden.

**04.** Eine Längsseite an beiden Rechtecken aus gepunktetem Stoff doppelt einschlagen. Aus den beiden Rechtecken ein Quadrat von 40 cm formen, dabei liegen die eingeschlagenen Kanten rechts auf links übereinander. Feststecken und die Herzform auf die linke Seite des Stoffs übertragen. Mit 1 cm Zugabe aus dem Stoff ausschneiden.

**05.** Die beiden Herzen aus gepunktetem Stoff rechts auf rechts übereinanderlegen und mit 1 cm Kantenabstand absteppen. An den Rundungen und an der Herzspitze den Stoff einfalten. Den Überzug nach rechts wenden und das weiße Kissen in die Hülle stecken.

# KRANZ/KETTE

lufttrocknende weiße Knetmasse
2,50 m dünne feste Leinenschnur
Pauspapier
Nudelholz
Cutter
Holzspieß

---

**01.** Die Vorlage des Vogels (siehe Seite 125) abpausen und ausschneiden.

**02.** Ein Stück Knetmasse bearbeiten und mit dem Nudelholz auf 3 mm Dicke ausrollen.

**03.** Die Schablone über die Knetmasse legen und entlang der Außenlinie mit dem Cutter ausschneiden. Am Schwanz mit dem Holzspieß ein Loch bohren. Die Kanten leicht anfeuchten und glätten und dann trocknen lassen.

**04.** Perlen mit unterschiedlichen Durchmessern herstellen: 10 Perlen mit 1 cm Durchmesser, 100 Perlen mit 1,5 cm Durchmesser und 40 Perlen mit 2 cm Durchmesser. Die Perlen mit dem Holzspieß durchstechen, die Oberfläche mit Wasser glätten, mit dem Stäbchen auf einige unter ihnen ein Motiv zeichnen und gut trocknen lassen.

**05.** Die Schnur zur Hälfte legen, die Schlinge durch das Loch am Schwanz des Vogels ziehen, dann die beiden Enden durch die Schlinge ziehen und verknoten, um den Vogel zu befestigen.

**06.** Auf die doppelt gelegte Schnur 10 kleine Perlen fädeln, dann die beiden Fäden teilen. Auf jede Seite der Schnur 50 mittelgroße Perlen und 20 große Perlen fädeln. Zum Verschließen die Schnur fest verknoten. Dann die beiden Schnurenden auf beiden Seiten unter die Perlen schieben.

# ARMSTUHL

Armstuhl
feines Sandpapier
Acrylfarbe in Blau und Weiß
gestreifter Stoff für die Sitzfläche
geblümter Stoff für die Rückenlehne
Polsternägel
Stoffreste für die Blumen und für die Knöpfe
50 cm dünnes Bügelvlies
2 Knöpfe zum Überziehen
Borte
farblich passendes Nähgarn
Stecknadeln
Textilklebstoff
Pinsel oder Bürste für die Farbe
Pinsel für den Klebstoff

**01.** Die Farbe auf den Holzteilen des Armstuhls sorgfältig abschleifen und den Stuhl abstauben. Zwei Farbaufträge in Blau vornehmen, dazwischen die Farbe gut trocknen lassen. Anschließend den Stuhl zweimal mit weißer Farbe anstreichen. Nachdem die Farbe 24 Stunden getrocknet ist, die Kanten vorsichtig abschleifen, damit die blaue Farbe wieder zum Vorschein kommt. Erneut den Staub entfernen.

**02.** Die Form der Rückenlehne und der Sitzfläche auf Papier zeichnen und anschließend auf die Rückseite des Stoffs übertragen. Die verschiedenen Teile ausschneiden.

**03.** Die Stoffteile mit Bügelvlies unterlegen. Die Vorlage für die Blumen (siehe Seite 133) in der gewünschten Größe fotokopieren, die Formen ausschneiden und auf das Bügelvlies übertragen. Die Formen entlang der Außenkonturen ausschneiden, dann die Blumen so auf dem Stoff für die Rückenlehne platzieren, dass die Blütenblätter übereinanderliegen. Die Blumen im Rückstich aufnähen, eine über der anderen. Anschließend die Knöpfe überziehen und in die Mitte jeder Blume einen Knopf nähen.

**04.** Die Stoffteile auf der Rückenlehne und auf der Sitzfläche des Armstuhls positionieren und rundherum an der Holztäfelung so annageln, dass sie gut gespannt sind. Die Borte so aufkleben, dass sie die Nägel verdeckt.

# RECHTECKIGES KISSEN

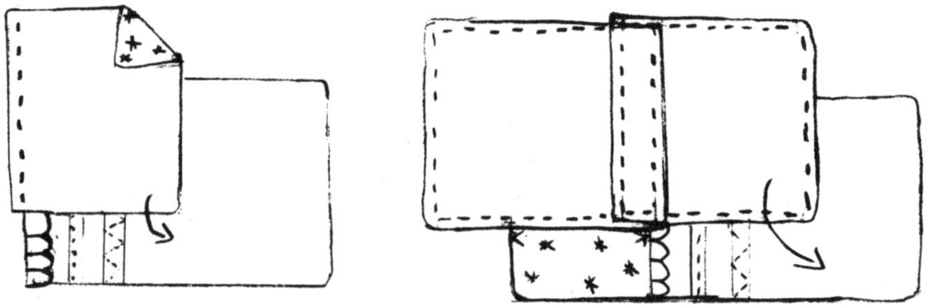

20 x 25 cm geblümter Stoff
28 x 25 cm anders bedruckter Stoff
2 Stück Leintuch in Weiß, 33 x 25 cm
25 cm Spitze
25 cm dünne Litze
25 cm Lochbordüre
1 Kissen, 23 x 43 cm
farblich passendes Nähgarn
Stecknadeln

**01.** Die beiden Rechtecke aus bedrucktem Stoff so rechts auf rechts übereinanderlegen, dass die 25 cm breiten Seiten aufeinanderliegen. Die Lochbordüre zwischen die beiden Stofflagen legen und mit 1 cm Kantenabstand absteppen. Die Nahtzulagen auseinanderbügeln. Die Litze und die Spitze der Breite nach auf die rechte Seite des großen bedruckten Rechtecks parallel zur Lochbordüre stecken.

**02.** Für die Rückseite des Kissens jeweils eine Breitseite der beiden Leinenrechtecke 3 cm doppelt nach links einschlagen und absteppen. Die Leinenrechtecke rechts auf rechts so auf die Kissenvorderseite legen, dass sich die Seiten mit dem Saum 8 cm überlappen.

**03.** Rundherum mit 1 cm Kantenabstand absteppen, an den Ecken überschüssigen Stoff zurückschneiden. Die Kissenhülle wenden und das Kissen hineinstecken.

# SONNENKISSEN

großes quadratisches Kissen, gut gefüllt, mit 63 cm Seitenlänge
1 großes Quadrat mit 65 cm Seitenlänge aus Leintuch für die Vorderseite
Rechtecke in der Größe 65 x 52 und 65 x 37 cm aus Leintuch für die Rückseite
18 x 400 cm Leintuch für den Volant
farblich passendes Nähgarn
Stecknadeln

**01.** Den langen Streifen zur Hälfte legen und die Enden mit 1 cm Kantenabstand mit der Maschine zusammennähen, sodass eine große Schlaufe entsteht. Die Nahtzugaben auseinanderbügeln.

**02.** Die Schlaufe links auf links zur Hälfte legen und entlang der offenen Seite einen Kräuselfaden durchziehen, dabei die zwei Kanten erfassen. Den Kräuselfaden anziehen, sodass der Volant eine Länge von 260 cm erhält.

**03.** Jeweils eine der 65 cm langen Seiten der Stoffrechtecke 3 cm doppelt einschlagen und absteppen.

**04.** Das Stoffquadrat auflegen, den Volant kantengleich darüberlegen, dabei die Kräuselfalten gleichmäßig verteilen, und mit großen Stichen anheften. Darüber rechts auf rechts die beiden Rechtecke so legen, dass sich die beiden Seiten mit dem Saum überlappen und die Rechtecke ein Quadrat bilden. Die Kissenhülle rundherum mit 1 cm Kantenabstand absteppen. Die Ecken versäubern.

**05.** Die Hülle wenden, bügeln und das Kissen in die Hülle stecken.

# STATUE AUS GIPS

Stärke
weiche Bürste
Zahnbürste
Pinsel

**01.** Die Stärke zu gleichen Teilen mit Wasser vermischen, um eine ziemlich dickflüssige Masse zu erhalten.

**02.** Die Statue oder jedes andere Objekt, das Ihnen gefällt, vollständig mit dem Pinsel einstreichen, dabei besonders auf Details und kleine Winkel achten.

**03.** Gut trocknen lassen und vorsichtig mit der Bürste abbürsten. Kleine Winkel bearbeiten Sie am besten mit der Zahnbürste!

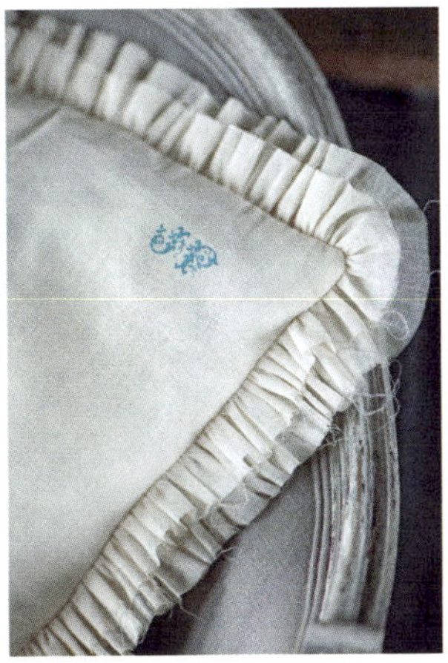

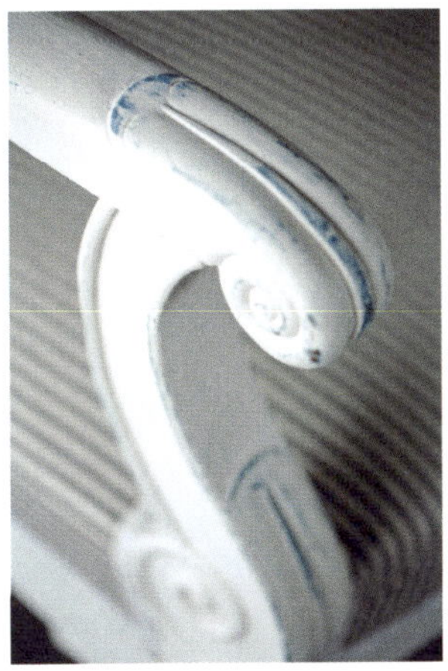

# STIMMUNGSVOLLE ZIMMER

DECKE
88
BUCHSTABEN-STICKTUCH
92
PATINA
94
LAVENDELKISSEN
96
SCHÄLCHEN
98
NACKENROLLE
101
RUNDES KISSEN
102
KLEINE TASCHE
104
BADETUCH
106
TOILETTENBEUTEL
108
BETTÜBERZUG
110
UMHÄNGETASCHE
114

# DECKE

134 x 144 cm dichtes Molton von der Rolle
134 x 144 cm geblümter Matratzenstoff
verschiedene einfarbige Stoffe, bedruckte Stoffe und Leinenstoffe
Textilfarbe in verschiedenen Blau- und Grautönen
Spitze, Litze
5 Knöpfe zum Überziehen in verschiedenen Größen
farblich passendes Nähgarn
Stecknadeln

**01.** Aus den verschiedenen Stoffen Quadrate und Rechtecke zuschneiden; diese Stoffteile in die Waschmaschine geben und mit einer Mischung aus Blau- und Grautönen waschen, um die Farben aneinander anzupassen. Nehmen Sie verschiedene Farbbäder vor, um eine unterschiedliche Bandbreite zu erhalten. Den Matratzenstoff und die Spitze ebenfalls färben.

**02.** Auf Basis der gewünschten Maße und mithilfe des Schemas (siehe Seite 91) eine Schablone mit den unterschiedlich großen Stoffteilen zeichnen. Die Stoffteile aus den gefärbten Stoffen mit 1 cm Nahtzugabe rundherum ausschneiden. Die Spitze und die Litze ebenfalls in Stücke schneiden.

**03.** Die Stoffteile zusammenfügen: Dazu zwei Stoffteile rechts auf rechts an einer Kante aufeinanderlegen und mit der Maschine mit 1 cm Kantenabstand absteppen. Die Nahtzugaben auseinanderbügeln. Dann diese Teile auf die gleiche Weise wieder zusammenfügen, sodass sich ein Rechteck von 134 x 144 cm ergibt.

**04.** Auf die Rückseite des fertiggestellten Patchworks das Molton stecken. Dann den Matratzenstoff rechts auf rechts über das Patchwork legen und die Seiten mit 2 cm Kantenabstand absteppen, dabei an einer Seite eine Öffnung von 30 cm lassen. Die Ecken zurückschneiden und das Teil durch die Öffnung nach rechts wenden. Bügeln und die Öffnung von Hand mit Staffierstichen schließen.

**05.** Die Knöpfe mit Stoff überziehen und auf der rechten Seite der Decke verteilt aufnähen, dabei die drei Stofflagen erfassen.

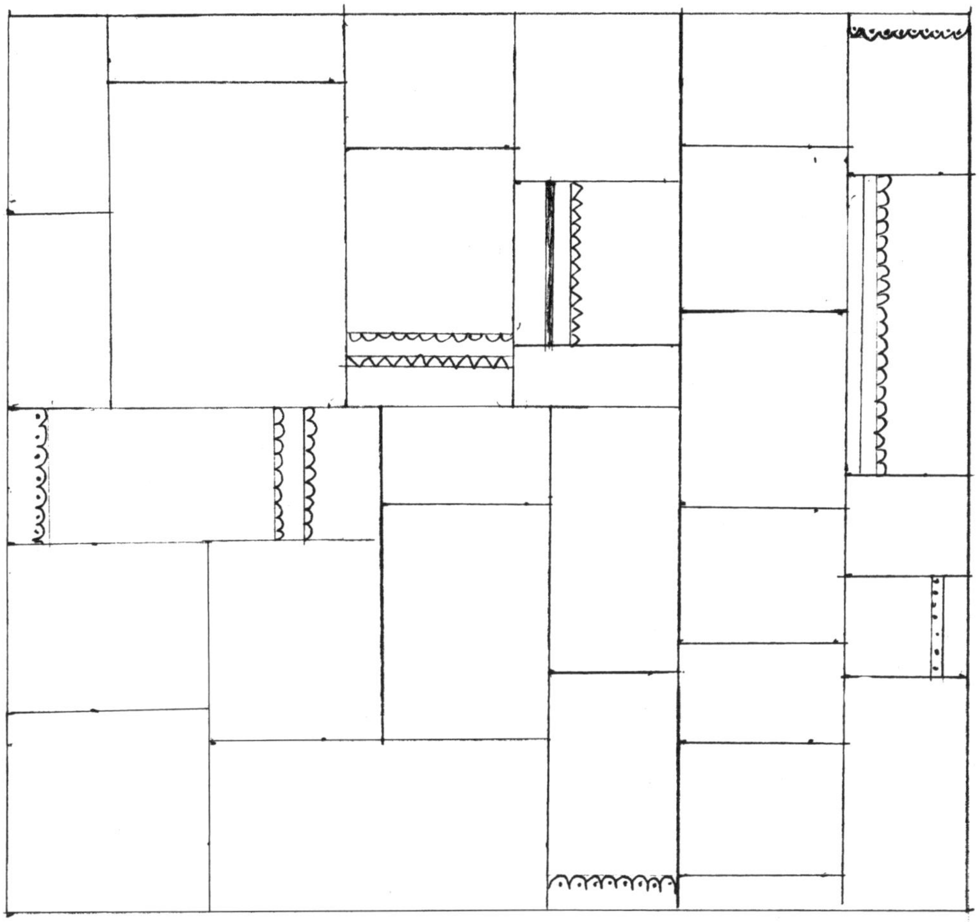

# BUCHSTABEN-STICKTUCH

Holzrahmen, 29,5 x 41 cm
35 x 45 cm Leinenzählstoff in Blau, 12 Fäden pro cm
4 Stränge DMC Stickgarn in Weiß, Nr. 5200
Tacker

---

**01.** Den Leinenstoff umsäumen und zweimal zur Hälfte legen, um die Mitte zu bestimmen. Den Mittelpunkt auf dem Stoff markieren und an diesem mit der Stickerei beginnen (siehe Seite 134 und 135). Im Kreuzstich zweifädig über jeweils zwei Schuss- und zwei Kettfäden sticken.

**02.** Das Leinen über den Rahmen legen und das Motiv ausmitteln. Die Stickerei an die Rückseite des Rahmens tackern.

A BCDEFG
HIJ KL
MNO PQR
STUVWXYZ

# PATINA

feines Sandpapier
Acrylfarbe in Weiß, matt
Acrylfarbe in Beige, matt
weiße Kerze
farbloses Bienenwachs
Schwamm
grober Synthetikpinsel
Pinsel
Edelstahl-Topfreiniger, fein

**01.** Das Möbelstück leicht mit Sandpapier abschmirgeln und den Staub mit einem feuchten Schwamm sorgfältig entfernen.

**02.** Einen Farbanstrich in Weiß vornehmen und vollständig trocknen lassen.

**03.** Die Kanten des Möbelstücks mit der Kerze abreiben.

**04.** Das Möbelstück in Beige anmalen. Damit das Möbelstück älter aussieht, zwei Beigetöne verwenden, um Farbschattierungen auf den Türen und auf den Schubladen zu erzeugen.

**05.** Das Möbelstück leicht abschleifen, um die weiße Farbe wieder hervorzuholen, dabei die Bereiche, die mit der Kerze behandelt wurden, besonders gründlich bearbeiten, damit die Kanten wieder gut geformt erscheinen.

**06.** Mit einem feuchten Schwamm den Staub entfernen.

**07.** Das Bienenwachs in einem Topf schmelzen und mit einem sauberen Pinsel auf das Möbelstück streichen. Trocknen lassen.

**08.** Mit einem feinen Topfreiniger behandeln, damit das Möbelstück glänzt.

# LAVENDELKISSEN

ein Stück Jeansstoff und verschieden bedruckte Stoffe
rotes Stickgarn
getrockneter Lavendel
farblich passendes Nähgarn
Stecknadeln

## DAS HERZ

**01.** Den Jeansstoff rechts auf rechts auf ein Stück bedruckten Stoff stecken. Darauf ein Herz zeichnen und mit 1 cm Nahtzugabe aus dem Stoff schneiden.

**02.** Aus bedruckten Stoffresten ein Rechteck von 5 x 4 cm und eines von 4 x 3 cm zuschneiden. Bügeln und rundherum 5 mm einschlagen. Die Rechtecke zweifädig auf die rechte Seite der Herzform aus Jeansstoff stecken und mit Stickgarn im Heftstich und im Spannstich aufsticken.

**03.** Die beiden Herzen rechts auf rechts aufeinanderlegen und rundherum absteppen, dabei eine Öffnung von 5 cm lassen. An den Rundungen und an der Spitze den Stoff zurückschneiden.

**04.** Das Kissen wenden, bügeln und mit Lavendel füllen; dazu eine kleine trichterförmige Tüte aus Papier formen. Die Öffnung im Saumstich schließen.

## DAS QUADRAT

**01.** Aus den verschiedenen bedruckten Stoffen für die Vorderseite vier Quadrate mit jeweils 9 cm Seitenlänge und für die Rückseite ein Quadrat mit 16 cm Seitenlänge zuschneiden.

**02.** Zwei kleine Quadrate zusammenfügen und diese an einer Seite mit 1 cm Kantenabstand zusammennähen. Dann die Nahtzugaben auseinanderbügeln. Die beiden anderen kleinen Quadrate ebenfalls zusammennähen. Dann die zusammengenähten Quadrate auf die gleiche Weise aneinanderfügen, sodass ein großes Quadrat mit 16 cm Seitenlänge entsteht. In der Mitte den Stoffüberschuss zurückschneiden und sorgfältig bügeln.

**03.** Die beiden großen Quadrate rechts auf rechts aufeinanderlegen und rundherum absteppen, dabei eine Öffnung von 5 cm lassen. Den Stoff an den Ecken zurückschneiden, dann wenden. Das Kissen mit Lavendel füllen und die Öffnung im Saumstich schließen.

# SCHÄLCHEN

lufttrocknende Modelliermasse in Weiß
Spitzen und Stempel ...
runde Ausstechformen mit verschiedenen Durchmessern (Gläser, Schalen, Tassen, Gebäckausstecher)
Acrylfarbe in Creme
Mattlack
Nudelholz
Cutter
feiner Pinsel

---

**01.** Die Modelliermasse bearbeiten und mit dem Nudelholz glätten, sodass eine Platte mit 3 mm Stärke entsteht. Dann die Vertiefungen einprägen (bei der Spitze muss man mit dem Nudelholz arbeiten, sodass die Motive gut sichtbar werden, dann die Spitze abziehen).

**02.** Eine runde Ausstechform über einen geprägten Bereich legen und mithilfe eines spitzen Messers rundherum ausschneiden. Die Außenkante rundherum hochziehen; dazu die Masse zwischen einen Finger und dem Daumen pressen und die Einfassung leicht anfeuchten. Die Formen nach der angegebenen Zeit trocknen lassen.

**03.** Die eingeprägten Motive mit der Acrylfarbe in Creme bearbeiten, bestimmte Bereiche lackieren, um verschiedene Weißtöne und Strukturen zu erhalten.

**04.** Die übrigen Schälchen auf die gleiche Weise arbeiten, dabei Größen und Motive ändern.

# NACKENROLLE

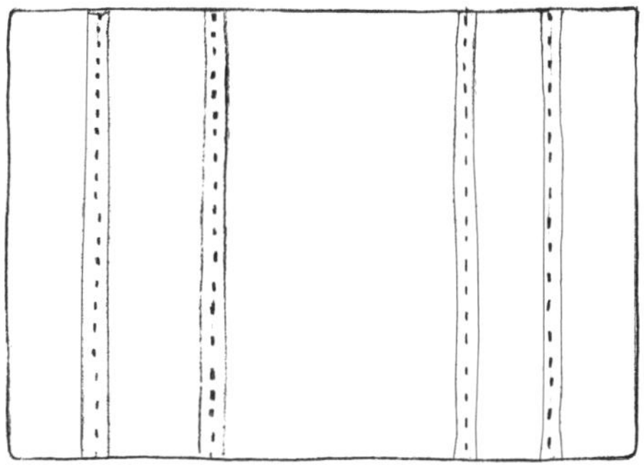

48 x 54 cm weißes Leinen- oder Baumwolltuch
2 Stoffkreise aus weißem Leinen- oder Baumwolltuch, 18 cm Durchmesser
2 Steifen aus blauem Leinen, 10 x 54 cm
10 x 54 cm bedruckter Stoff
14 x 54 cm anders bedruckter Stoff
30 x 54 cm anders bedruckter Stoff
4 Spitzenbänder, 54 cm
2 große Knöpfe zum Überziehen
Stoffreste für die Knöpfe
Füllmaterial
farblich passendes Nähgarn
Stecknadeln

**01.** Das weiße Leinen zur Hälfte legen, sodass Sie ein Rechteck von 27 x 48 cm Größe erhalten. Die Längsseite mit 48 cm mit der Maschine mit 1 cm Kantenabstand absteppen, um einen Schlauch zu erhalten, dabei in der Mitte 20 cm offen lassen. Die Kreise an beiden Schlauchenden aufstecken und mit 1 cm Kantenabstand aufsteppen. Den Stoff einschneiden und durch die Öffnung wenden. Das Teil bügeln, mit Füllmaterial füllen und die Öffnung von Hand im Saumstich schließen.

**02.** Für den Überzug verschiedene Streifen zusammennähen (54 cm Seitenbreite), dazu diese rechts auf rechts aufeinanderlegen und mit 1 cm Kantenabstand absteppen: mit den beiden Streifen aus bedrucktem Stoff von 10 und 14 cm Breite beginnen, dann folgt der bedruckte Streifen mit 30 cm Breite und anschließend die beiden blauen Streifen mit 10 cm Breite. Alle Nahtzugaben auseinanderbügeln und über jede Naht ein Spitzenband nähen.

**03.** An jeder Außenseite den Stoff 1 cm zur Rückseite umschlagen und absteppen. Den Überzug der Länge rechts auf rechts zur Hälfte legen und mit 1 cm Kantenabstand absteppen. Die Nahtzugabe auseinanderbügeln, den Überzug nach rechts wenden und um jede Öffnungskante einen Kräuselfaden einziehen.

**04.** Die Nackenrolle in den Überzug schieben und die Kräuselfäden anziehen, um die Seiten zu schließen. Die beiden Knöpfe mit Stoff überziehen und an jede Seite einen Knopf nähen.

# RUNDES KISSEN

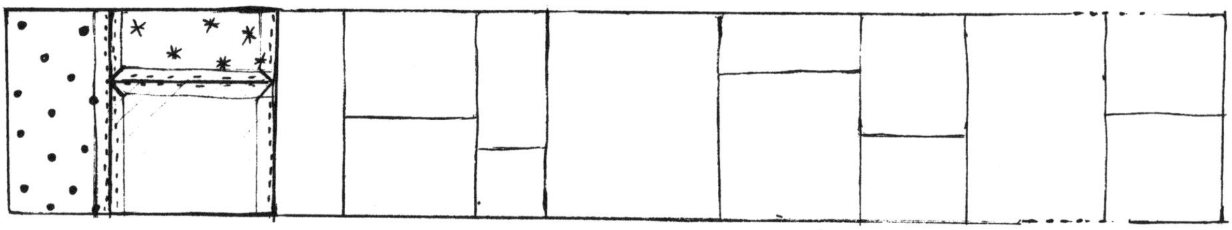

1 Kreis aus weißem Leintuch, 19 cm Durchmesser
1 Kreis, ausgeschnitten aus einer Serviette oder aus einem Betttuch mit Monogramm, 13 cm Durchmesser
Reste aus bedruckten Stoffen in Blau- und Grautönen
45 cm Spitzenbordüre
Kissen
farblich passendes Nähgarn
Stecknadeln

**01.** Aus den Stoffresten einen Patchwork-Streifen mit den Maßen 115 x 13 cm anfertigen; lassen Sie sich dabei von der Skizze anregen. Schneiden Sie aus den Stoffresten Rechtecke und Quadrate in unterschiedlichen Größen aus und nähen diese mit 1 cm Kantenabstand zusammen. Ein Stück nach dem anderen rechts auf rechts an einer Kante übereinanderlegen, dann die Seite mit 1 cm Nahtzugabe steppen und die Nahtzugaben auseinanderbügeln. Die Teile zusammenfügen, dabei an den Ecken überschüssigen Stoff zurückschneiden.

**02.** Die 13 cm langen Kanten rechts auf rechts aufeinanderlegen. Mit 1 cm Kantenabstand absteppen. Den Patchwork-Streifen kantengleich rechts auf rechts auf den Kreis aus weißem Leintuch stecken und mit 1 cm Kantenabstand absteppen. Rundherum den Stoff einschneiden.

**03.** Wenden, bügeln und entlang der Öffnung einen Kräuselfaden durchziehen. Das Kissen hineingeben.

**04.** Den Kreis mit dem Monogramm mit der Maschine im Kordonnierstich einfassen. Die Spitzenbordüre rundherum auf die linke Seite des Kreises aufstecken, dann den Kreis mit unsichtbaren Stichen auf die Kissenöffnung nähen und damit die Öffnung schließen; dabei die Spitzenbordüre beim Nähen miterfassen.

# KLEINE TASCHE

2 Rechtecke aus grauem Leintuch für die Tasche, 30 x 27 cm
2 Rechtecke aus blauem Leintuch für die Tasche, 30 x 15 cm
2 Rechtecke aus grauem Leintuch für das Taschenfutter, 40 x 30 cm
2 Streifen aus blauem Leintuch für die Henkel, 28 x 8 cm
1 Rechteck aus einem Leintuch mit Monogramm, 20 x 15 cm
70 cm Lochbordüre
2 unterschiedliche Spitzenbordüren, 60 cm lang
farblich passendes Nähgarn
Stecknadeln

---

**01.** Ein graues Rechteck an der 30 cm langen Kante auf ein blaues Rechteck stecken und mit 1 cm Kantenabstand absteppen. Die beiden anderen Rechtecke in Blau und Grau ebenfalls aneinandernähen, dann die Nahtzugaben auseinanderbügeln.

**02.** Das Rechteck mit dem Monogramm rundherum 5 mm einschlagen und mittig auf ein Stück grauen Stoff stecken. Das Monogramm mit großen Stichen aufnähen und mit der Maschine rundherum im Festonstich aufnähen.

**03.** Die Vorder- und die Rückseite der Tasche rechts auf rechts aufeinanderlegen und feststecken, dabei darauf achten, dass der blaue und der graue Stoff passgerecht aufeinanderliegen. Die Seitennähte und die untere Naht mit 1 cm Kantenabstand steppen und die Ecken versäubern.

**04.** Das Taschenfutter auf die gleiche Weise zusammennähen, dabei eine 12 cm lange Öffnung lassen. Die Ecken zurückschneiden und versäubern.

**05.** Den Stoff für die Henkel der Länge nach zur Hälfte legen und mit 1 cm Kantenabstand der Länge nach absteppen. Die Henkel wenden, bügeln und rechts, jeweils 7 cm von der Seitenkante entfernt an die Taschenöffnung stecken.

**06.** Die Tasche rechts auf rechts in das Futter stecken und rund um die Öffnung mit 1 cm Kantenabstand absteppen. Die Tasche über die Öffnung im Futter wenden und die Öffnung mit Staffierstichen schließen. Das Futter zurück in die Tasche schieben und die Tasche bügeln.

**07.** Die Spitzenbänder rundherum an der Tasche feststecken und mit der Maschine aufnähen.

# BADETUCH

84 x 150 cm Leintuch in Blau
44 x 82,5 cm bedruckten Stoff
2 Stücke Spitze, jeweils 80 cm
Pauspapier
farblich passendes Nähgarn
Stecknadeln

---

**01.** An einer Breitseite und an den beiden Längsseiten beim Leintuch einen doppelten Einschlag von 2 cm legen, den Stoff an den Ecken einschlagen und absteppen.

**02.** Die Schablone der Bordüre mit 120 % kopieren und abpausen (siehe Seite 136). Den bedruckten Stoff rechts auf rechts zur Hälfte legen, sodass ein Rechteck von 22 x 82,5 cm entsteht. Die Schablone über die gesamte Länge des Streifens übertragen, dabei liegen die Rundungen entlang des Stofffalzes.

**03.** Die Seitenkanten und die Rundungen mit 1 cm Kantenabstand absteppen. Die Rundungen einschneiden und den Stoff an den Kanten zurückschneiden, dann den Stoff nach rechts wenden und bügeln, um ihn zu glätten.

**04.** An der Unterkante der Bordüre den Stoff an beiden Seiten 1 cm einschlagen, den blauen Stoff dazwischenlegen, feststecken und mit 2 mm Kantenabstand absteppen.

**05.** Die beiden Spitzenbänder unten an der Bordüre, in Höhe der Naht, aufstecken, eines über das andere, und aufsteppen.

LAVABO
LAVABO

# TOILETTENBEUTEL

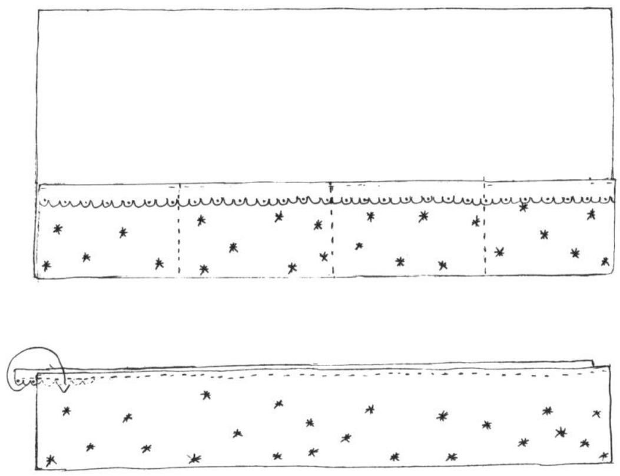

63 x 35 cm Leintuch
1 Kreis aus Leinen für den Taschenboden, 20 cm Durchmesser
63 x 13 cm bedruckten Stoff
63 cm Loch-/Festonbordüre
1 m Satinband, 1 cm breit
1 Sicherheitsnadel
farblich passendes Nähgarn
Stecknadeln

**01.** Die beiden Stoffstücke versäubern. Die Festonborte der Länge nach links auf links auf ein bedrucktes Stoffstück stecken und mit 1 cm Kantenabstand absteppen. Die Festonkante umlegen und mit dem Bügeleisen glätten.

**02.** Den bedruckten Stoff mit der linken Seite auf die rechte Seite des Leinens stecken, sodass die Längsseiten kantengleich liegen. Auf dem bedruckten Stoff eine senkrechte Naht von 15 cm Höhe anbringen, um die Taschen zu bilden.

**03.** Das Leinen der Breite nach rechts auf rechts zur Hälfte legen und die Seitennaht schließen, sodass sich eine Röhre bildet. Den Boden unten rechts auf rechts an die Tasche stecken und mit 1 cm Kantenabstand absteppen. Bügeln.

**04.** Oben an der Tasche den Stoff 1 cm doppelt umschlagen und mit dem Bügeleisen glätten. Einen weiteren Umschlag mit 5 cm Höhe vornehmen. Am doppelten Umschlag absteppen, um diesen zu fixieren. Dann eine zweite Steppnaht, 2 cm unter der ersten und eine dritte 2 cm darunter, um den Tunnel zu bilden. Wenden und die senkrechte Naht zwischen den zwei ersten waagerechten Nähten auftrennen, um mithilfe der Sicherheitsnadel das Satinband einziehen zu können.

# BETTÜBERZUG

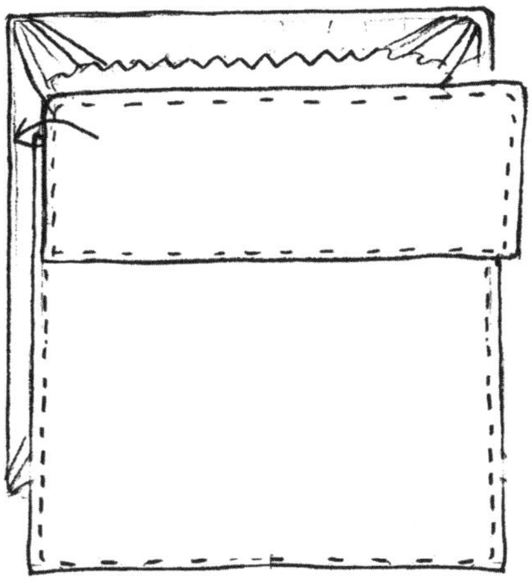

FÜR EINEN BETTÜBERZUG VON 240 X 220 CM:
2 Stück weißes Leintuch, 242 x 222 cm

FÜR ZWEI KOPFKISSENBEZÜGE:
4 Quadrate weißes Leintuch mit 64 cm Seitenbreite
2 Rechtecke weißes Leintuch, 26 x 64 cm

20,5 m Lochbordüre
Reste von bedrucktem Stoff
Reste von Bügelvlies
Stickgarn in verschiedenen Blau- und Grautönen
weißes Nähgarn
Stecknadeln

---

**01.** Den bedruckten Stoff mit Vlies unterlegen und daraus kleine Stoffstücke ausschneiden. Diese auf den Stoff für den Bettüberzug stecken, dabei können die Teile überlappen, und zweifädig mit Stickgarn mit Vorstichen aufnähen. Auf den gleichen Überzug und auf die Vorderseite des Kopfkissenüberzugs mit Stickgarn zweifädig das Motiv nach der Vorlage (siehe Seite 137) sticken.

**02.** Die Lochbordüre rechts auf rechts kantengleich an das bestickte Stoffteil des Überzugs stecken, dabei unten beginnen. An den Ecken 50 cm der Bordüre in Falten legen und dann wieder gerade weiterarbeiten, dabei 10 cm vor einer Ecke beginnen und 10 cm nach einer Ecke enden. Zum Schluss 2 cm der Bordüre übereinanderlegen. Das zweite Stoffstück darüberlegen, feststecken und mit 1 cm Kantenabstand absteppen, dabei an der unteren Kante des Bettüberzugs in der Mitte eine Öffnung von 50 cm lassen. Die Öffnung am Bettüberzug einsäumen, an der Öffnung die Bordüre an die Oberseite des Bettüberzugs nähen. Den Stoff an den Ecken zurückschneiden, wenden und bügeln.

**03.** Die Kopfkissenbezüge auf die gleiche Weise besticken. Die Kanten der beiden Quadrate und der beiden Rechtecke 1 cm doppelt einschlagen und säumen. Die Lochbordüre rechts auf rechts kantengleich an das bestickte Stoffteil des Kopfkissenüberzugs stecken. Darüber das gesäumte Quadrat und das Rechteck so legen, dass die Saumkanten übereinanderliegen und sich ein Quadrat mit 64 cm Seitenlänge ergibt. Absteppen, den Stoff an den Ecken zurückschneiden und wenden.

# UMHÄNGETASCHE

2 Rechtecke gestreifter Stoff, jeweils 19 x 25 cm
2 Rechtecke geblümter Stoff, jeweils 19 x 25 cm
36 x 30 cm Mischgewebe in Beige
141 x 6 cm und 64 x 6 cm Mischgewebe in Beige
8 cm feines Band
1 Knopf zum Überziehen, 3 cm Durchmesser
Reste von bedrucktem Stoff
34 cm Spitze für die Taschenklappe
17 cm Spitze für die Unterkante der Tasche
Schnittmusterpapier
farblich passendes Nähgarn
Stecknadeln

**01.** Die beiden Rechtecke aus geblümtem Stoff rechts auf rechts aufeinanderlegen und an den Seitenkanten und unten mit der Maschine mit 1 cm Kantenabstand zusammennähen. Die beiden gestreiften Rechtecke auf die gleiche Weise zusammennähen, dabei an der unteren Kante zwischen die beiden Stofflagen das 17 cm lange Spitzenband legen, nicht ganz an die Stoffkante, damit das Band gut über die Kante hinausragt, wenn die Tasche gewendet wird. Die Nahtzugaben auseinanderbügeln.

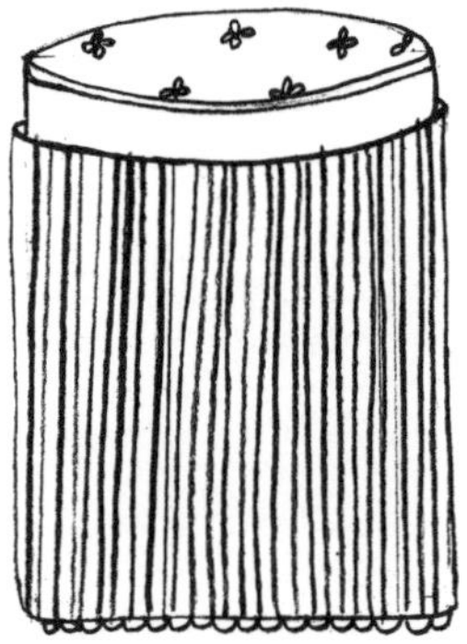

**02.** Die gestreifte Tasche wenden und das Futter aus dem geblümten Stoff links auf links hineinstecken. Die obere Kante beim geblümten Stoff und beim gestreiften Stoff einschlagen und bügeln, um den Bug zu markieren.

**03.** Das Mischgewebe rechts auf rechts hälftig legen, sodass man ein Rechteck von 36 x 15 cm erhält. Die Vorlage (siehe Seite 138) fotokopieren und dann auf das Schnittmusterpapier und anschließend auf den Stoff übertragen. Den Stoff entlang der Außenlinien ausschneiden.

**04.** Die Oberseite und die Unterseite der Taschenklappe rechts auf rechts aufeinanderlegen. Entlang der Rundung zwischen die beiden Stofflagen das Spitzenband legen (jedoch nicht ganz an die Stoffkante, damit das Band darüber hinausragt, wenn die Klappe gewendet wird) und in der Mitte der Klappe das zur Hälfte gelegte Band stecken, wie in der Skizze gezeigt. Das Ganze abstecken und entlang der Rundung mit 1 cm Kantenabstand absteppen, dabei darauf achten, dass die Spitze von der Naht miterfasst wird. Die Nahtzugabe einschneiden, wenden und bügeln.

**05.** Die beiden Stoffstreifen in Beige der Länge nach zur Hälfte falten. Mit 1 cm Kantenabstand absteppen und mithilfe einer Sicherheitsnadel wenden (die Sicherheitsnadel in ein Bandende stecken und in das Innere schieben, sodass sie an der anderen Seite wieder herauskommt). Bügeln. Jedes Bandende einschlagen und absteppen. Ein Bandende über 1 cm an den Seitennähten zwischen Tasche und Futter schieben. Die Taschenklappe ebenfalls zwischen die beiden Stofflagen schieben, feststecken und rundherum mit 5 mm Kantenabstand absteppen. Den Knopf mit Stoff überziehen und passend zur Knopfschlaufe aufnähen. Mit den beiden Teilen des Schulterriemens einen hübschen Knoten machen.

BAIN
BAIN

# SCHNITTMUSTER

SCHÜRZE
120
FEDERMÄPPCHEN
121
SCHLÜSSELBRETT
122
WOLLKORB
122
STUHLHUSSE
123
OBST UND GEMÜSE
124
KRANZ/KETTE
125
NOTIZBÜCHER
126 & 127
TISCHTUCH & SERVIETTEN
128 & 129
ARMSTUHL
130–133
BUCHSTABEN-STICKTUCH
134 & 135
BADETUCH
136
BETTÜBERZUG
137
UMHÄNGETASCHE
138
ETIKETTEN FÜR EINMACHGLÄSER
139

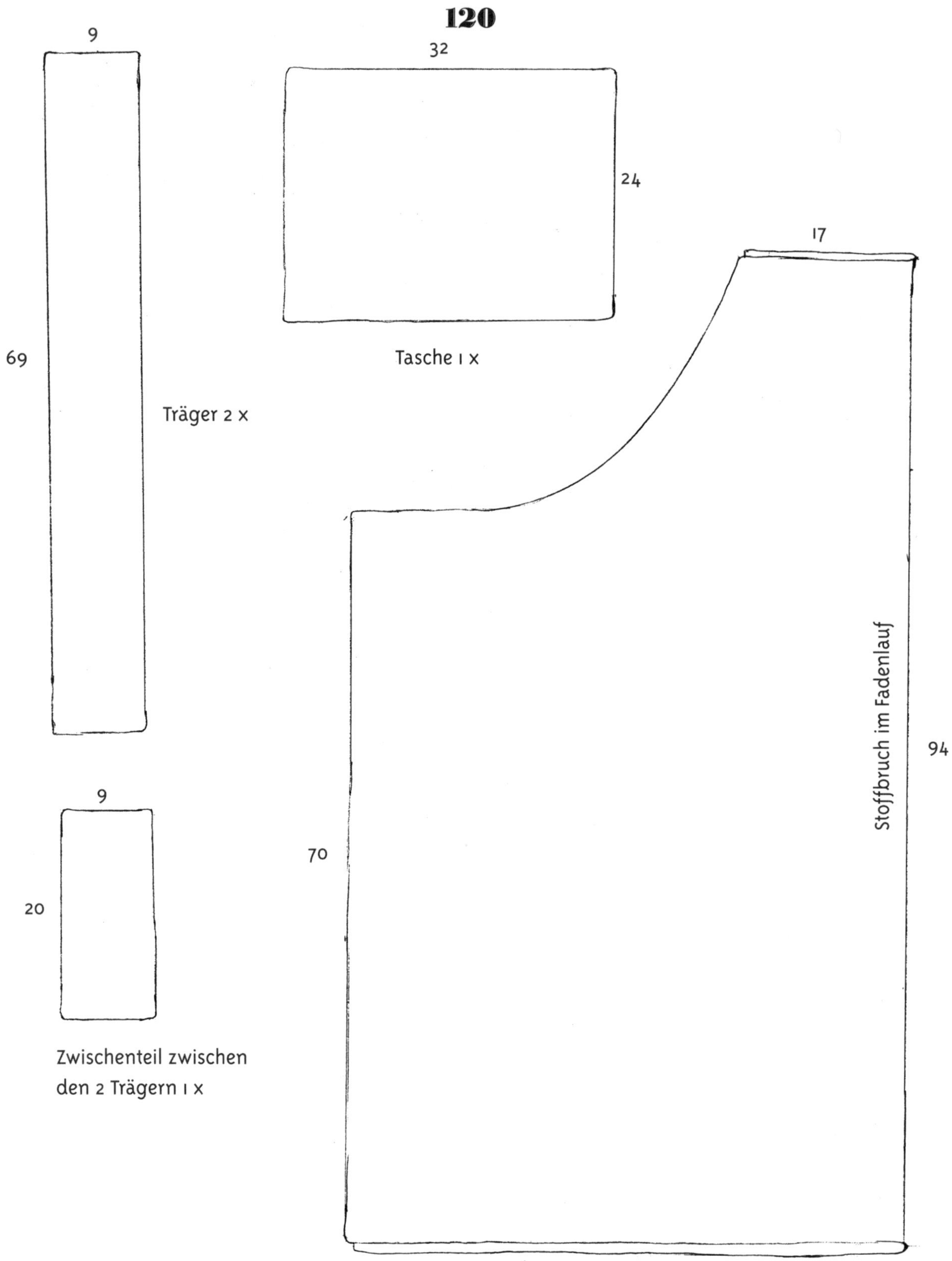


ZUSCHNEIDEPLAN — SCHÜRZE, SEITE 10–13

SCHNITTMUSTER IN ORIGINALGRÖSSE – FEDERMÄPPCHEN, SEITE 22 UND 23

SCHNITTMUSTER IN ORIGINALGRÖSSE –
SCHLÜSSELBRETT, SEITE 30 UND 31

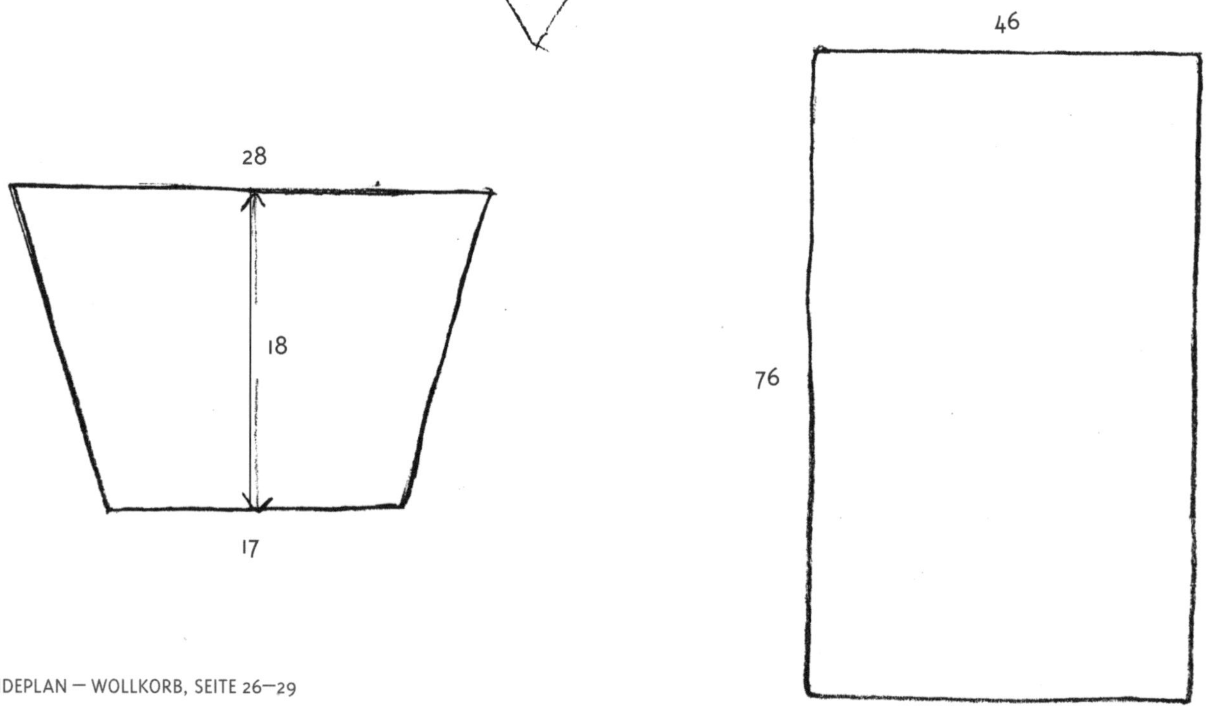


ZUSCHNEIDEPLAN – WOLLKORB, SEITE 26–29

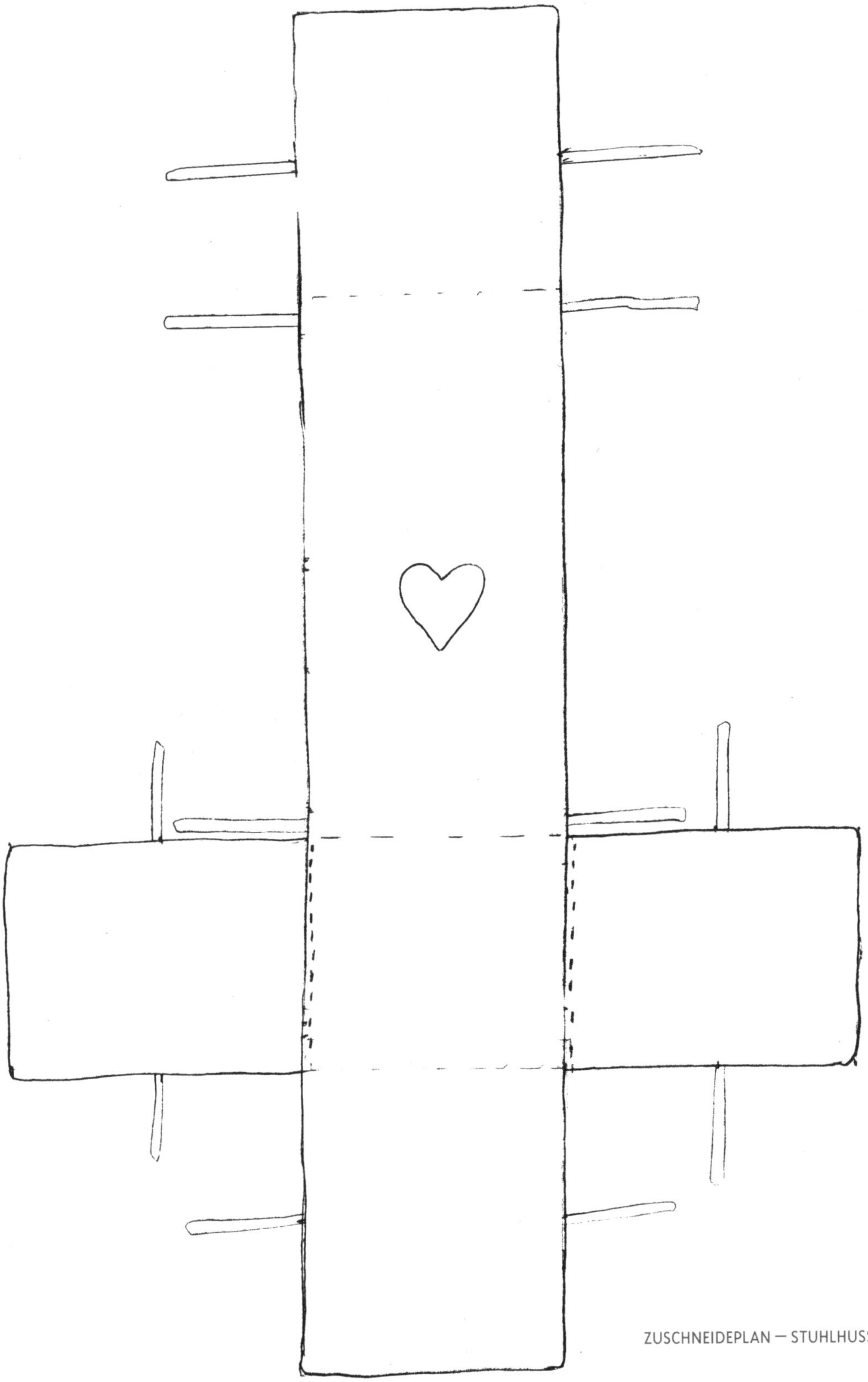

ZUSCHNEIDEPLAN – STUHLHUSSE SEITE 46 UND 47

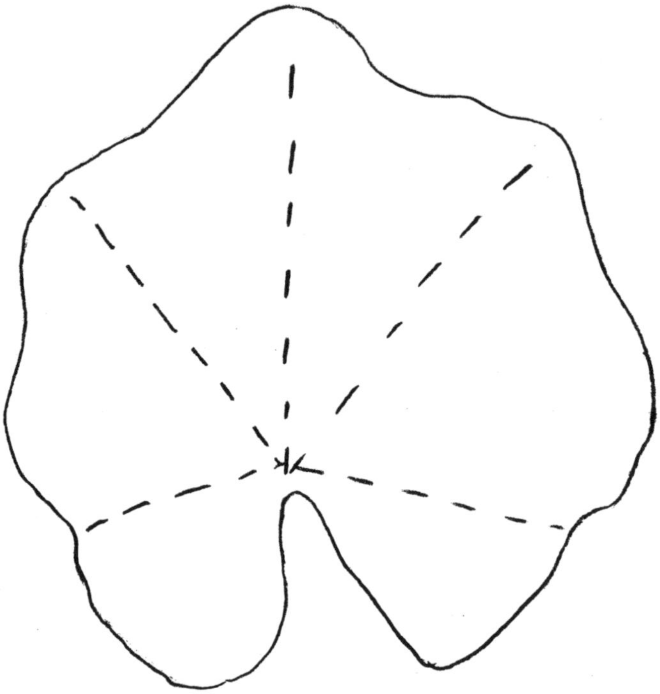

Kürbisblatt 1 x

Kürbisstiel 2 x

Birnenblatt 2 x

Birne 3 x

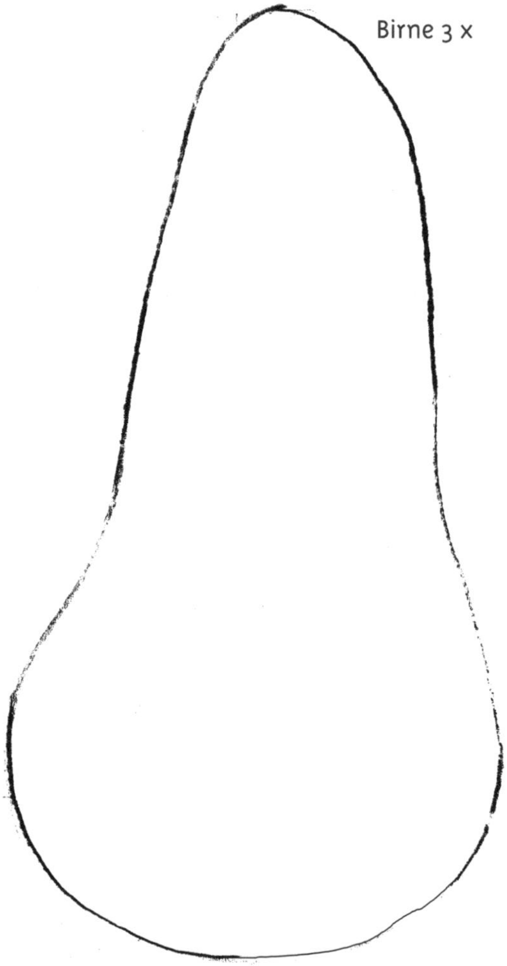

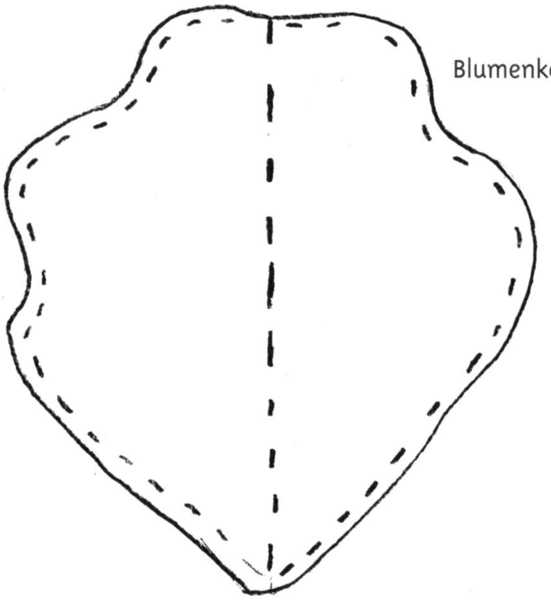

Blumenkohlblatt 5 x

SCHNITTMUSTER IN ORIGINALGRÖSSE – KRANZ/KETTE, SEITE 74

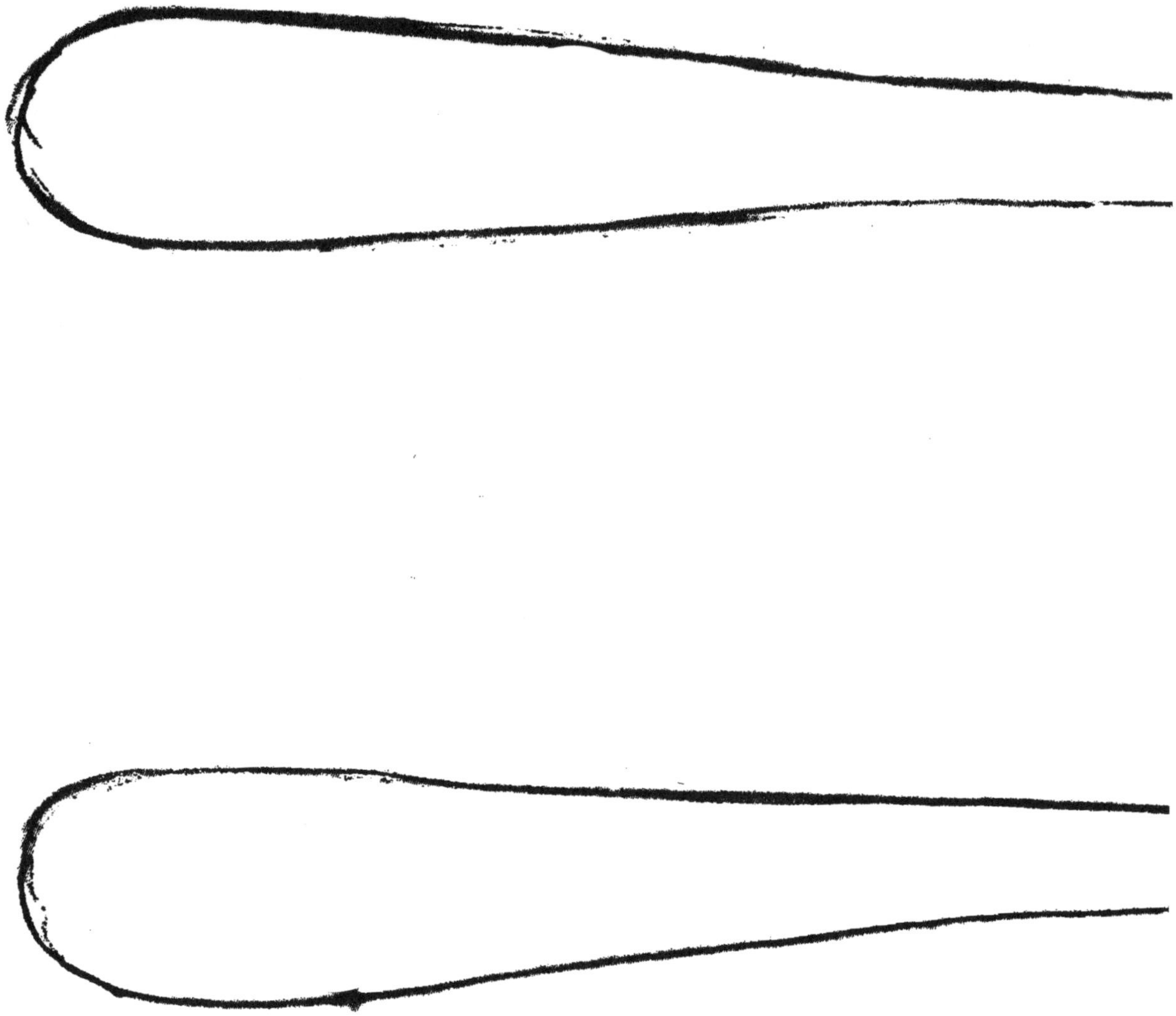

SCHNITTMUSTER IN ORIGINALGRÖSSE — NOTIZBÜCHER, SEITE 64–67

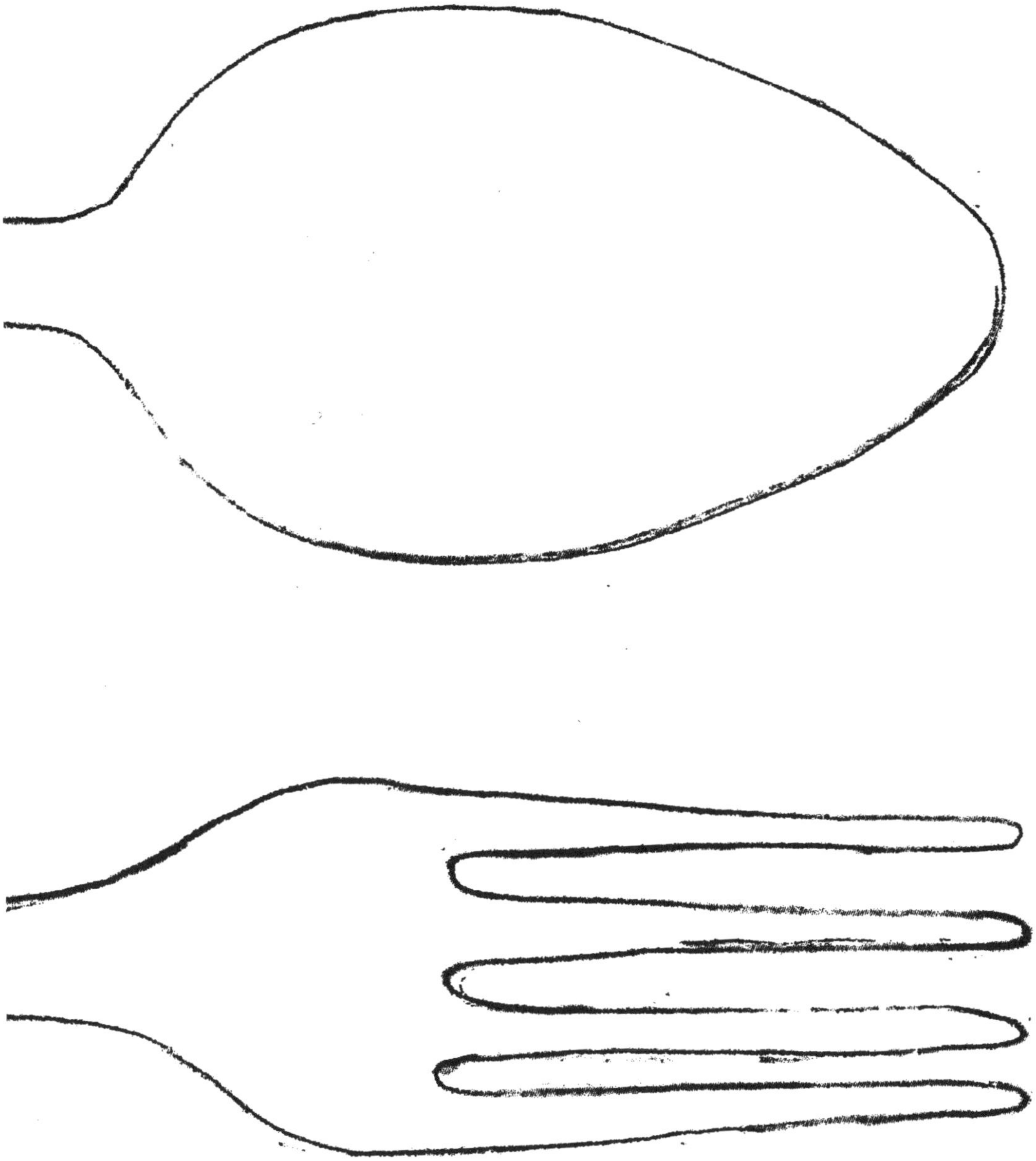

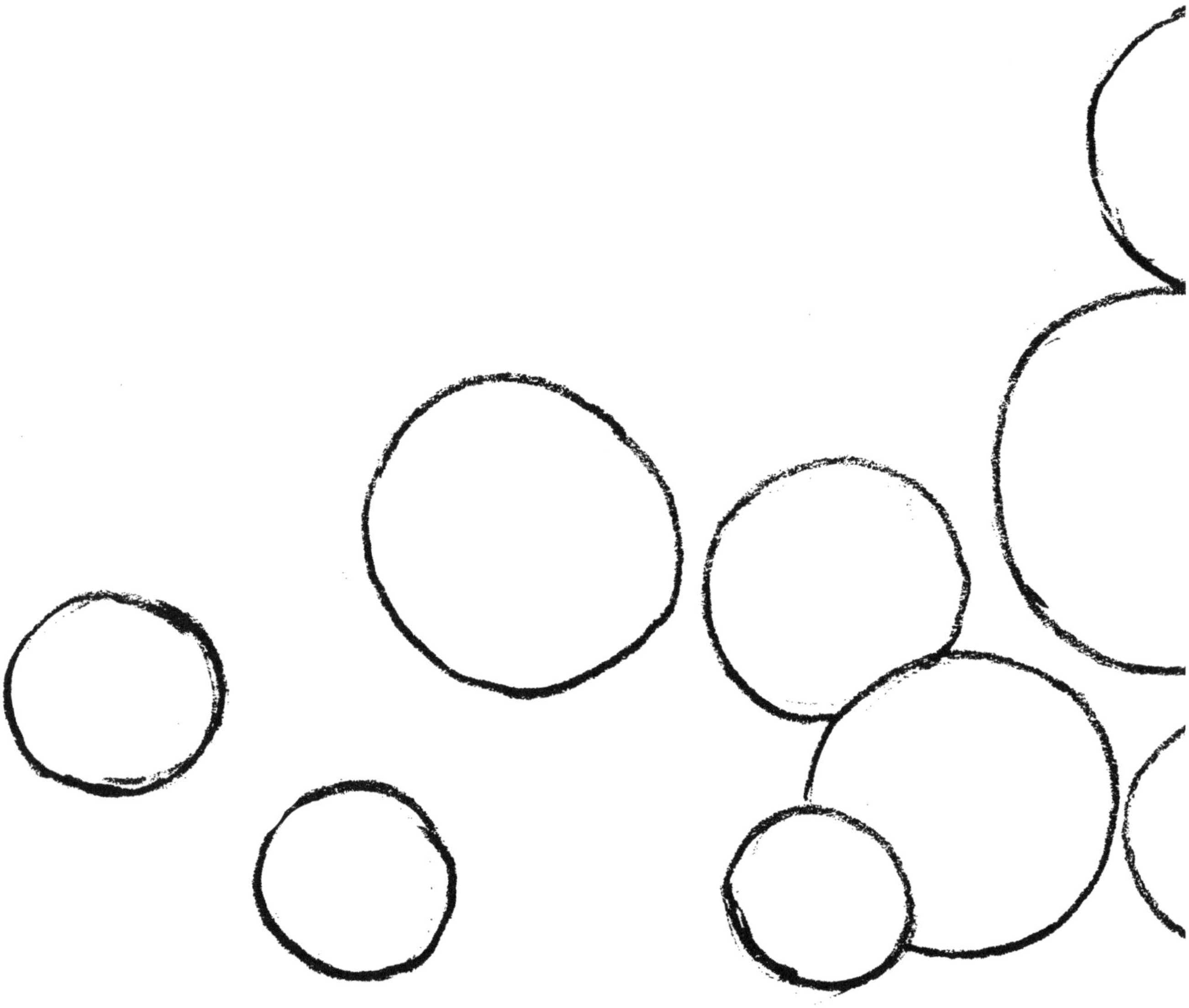

SCHEMA – TISCHTUCH & SERVIETTEN, SEITE 68–71

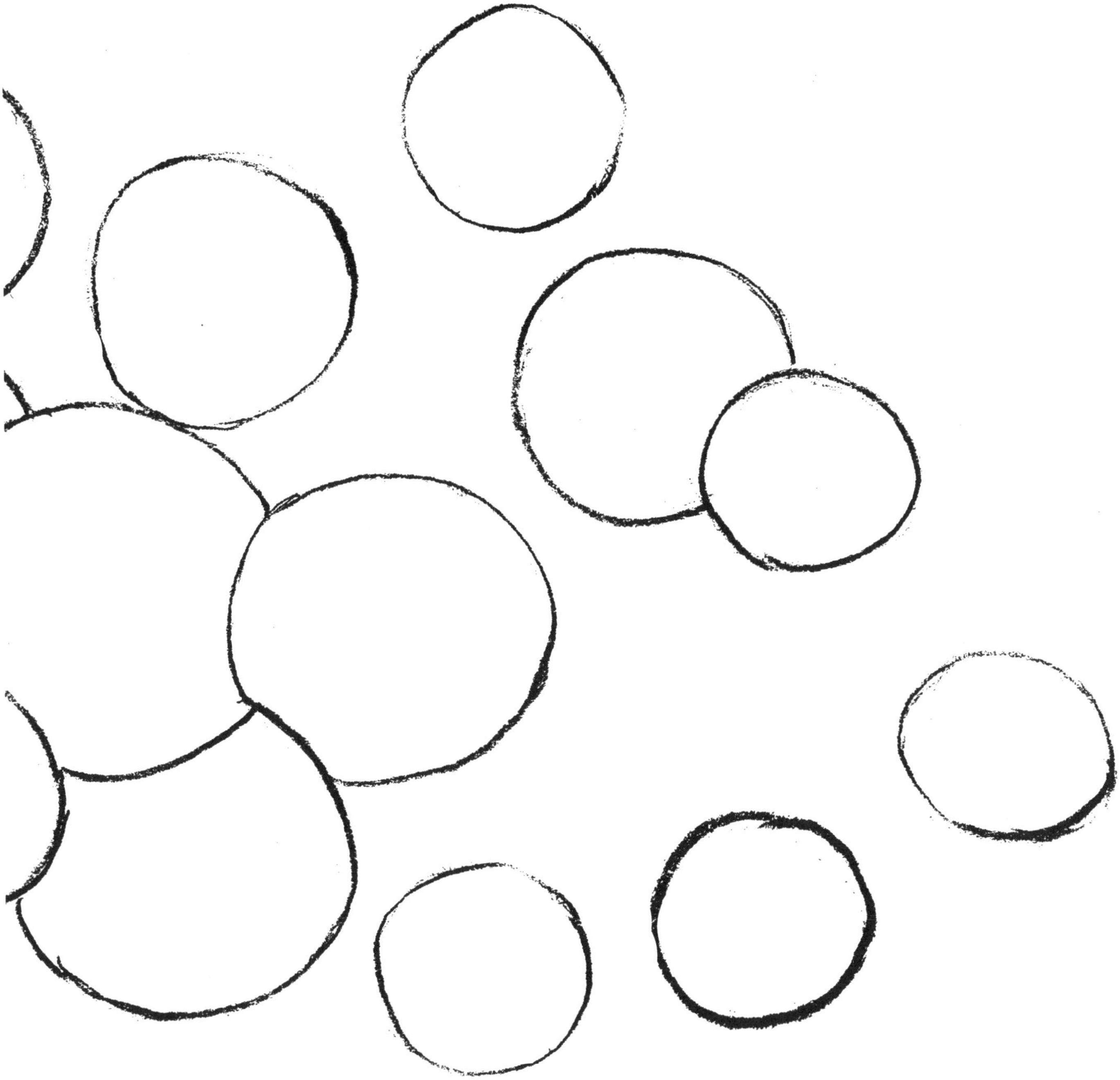

SCHNITTMUSTER IN ORIGINALGRÖSSE – ARMSTUHL, SEITE 76 UND 77

SCHNITTMUSTER IN ORIGINALGRÖSSE – ARMSTUHL, SEITE 76 UND 77

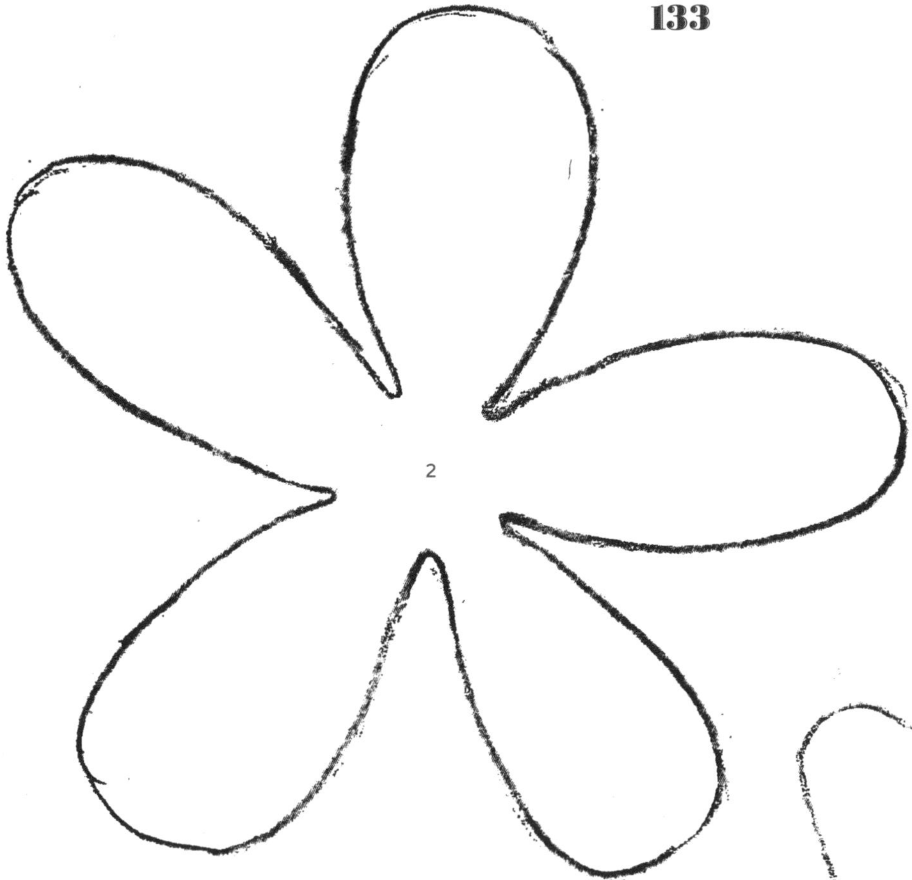
2

2

2

E F G
K L
P Q R
W X Y Z

SCHNITTMUSTER ZUM VERGRÖSSERN AUF 120 % – BADETUCH, SEITE 106 UND 107

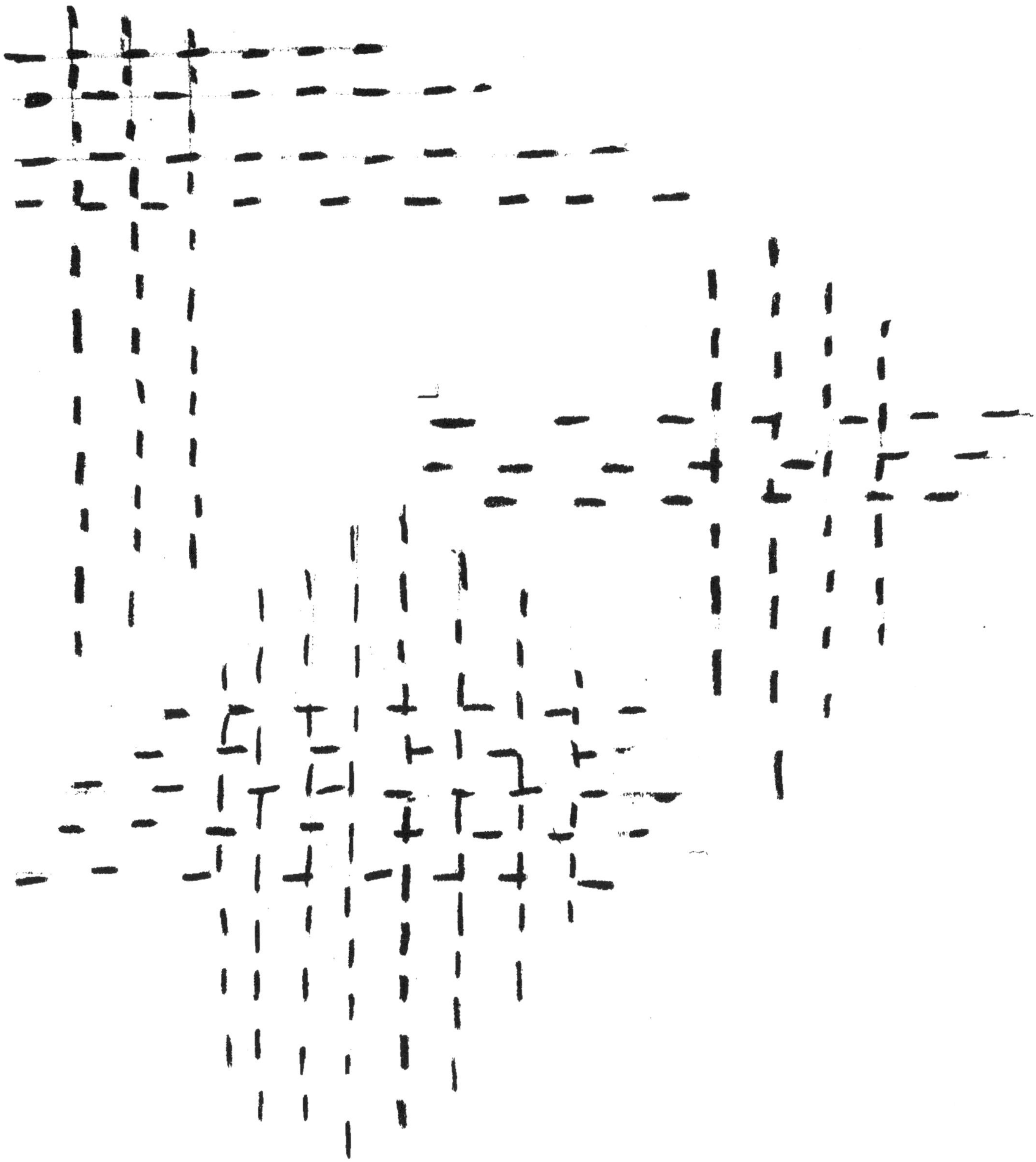

SCHEMA IN ORIGINALGRÖSSE – BETTÜBERZUG, SEITE 110–113

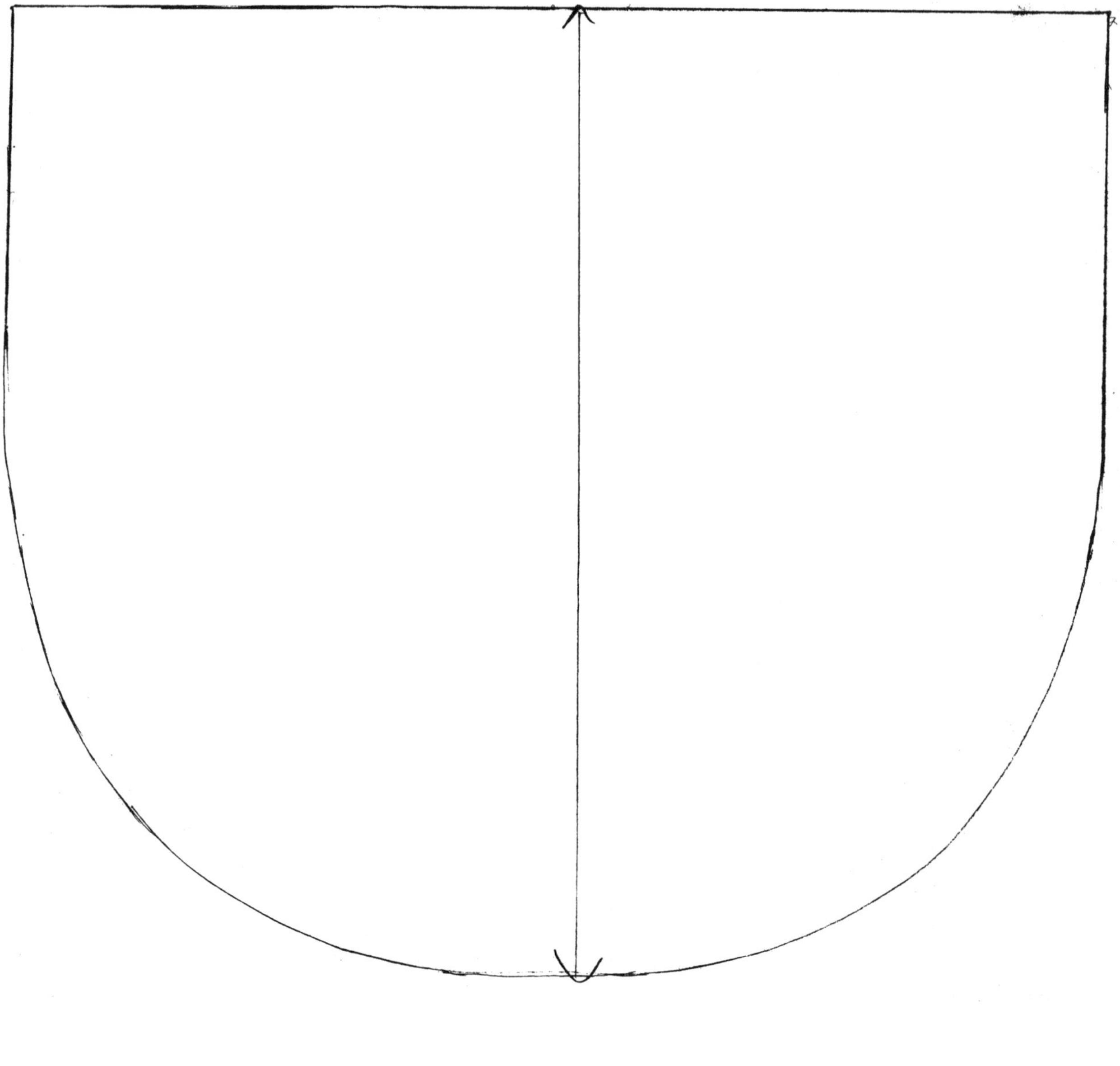

SCHNITTMUSTER IN ORIGINALGRÖSSE – UMHÄNGETASCHE, SEITE 114 UND 115

SCHNITTMUSTER ZUM VERGRÖSSERN AUF 200 % —
ETIKETTEN FÜR EINMACHGLÄSER, SEITE 40 UND 41

# ADRESSVERZEICHNIS

LA MERCERIE MOLINE www.mercerie-moline.com
2-4-6, Rue Livingstone, 75018 Paris, Tel.: +33 (0)1 42 59 36 68

Ein großartiges Kurzwarengeschäft, in dem man alles einkaufen kann, von Posamenten bis zu Patchwork-Stoffen und nebenbei eine immense Auswahl an Spitzen und Knöpfen, mit besonnener Beratung durch reizende Mitarbeiter.

---

BOUTS DE TISSUS www.boutsdetissus.fr
22, Boulevard du Maréchal-Joffre, 92500 Rueil-Malmaison. Tel.: +33 (0)1 47 08 38 07

Eine hübsche Boutique, die das ganze Jahr über eine umfassende Auswahl an Patchwork-Stoffen mit Atelier anbietet.

---

IDEAL www.ideal.fr
Tel.: +33 (0) 820 80 10 17

Die Ideal-Farben werden im Großmarkt, im Supermarkt und in der Drogerie angeboten. Die Farben sind flüssig, sehr zweckmäßig und sie erlauben es, leicht Mischungen aus zarten und feinen Tönen herzustellen. Auf der Website sind eine Menge Ratschläge zu entdecken und ein sehr praktischer Verbraucher-Service gibt Antworten auf alle Fragen.

---

PEINTURES RESSOURCE www.ressource-peintures.com

Ressource biete eine sehr schöne Palette an antiken Farben und Deckfarben an. Die Farben sind erhältlich als Warenmuster, die es erlauben die Farbe zu testen, damit man sich seiner Wahl sicher sein kann.

---

DEMEURE DE FAMILLE
39, Rue du Bosquiel, 59910 Bondues

Eine hübsche Boutique, wo alles schön ist.

---

ASSOCIATION NEPTUNE www.neptune-association.org
32, Boulevard Paul-Vaillant-Couturier, 93100 Montreuil. Tel.: +33 (0)1 48 51 54 62

Neptune ist ein Unternehmen mit dem Ziel, dagegen anzukämpfen, dass Personen, die in Schwierigkeiten sind, ausgegrenzt werden. Es bietet alle Artikel zu niedrigen Preisen an. Man findet dort wahre Schätze an Wäsche, Kurzwaren, Geschirr und anderen Krimskrams.

---

ASSOCIATION EMMAUS www.emmaus-france.org

Die Emmaüs-Gruppen arbeiten nach dem gleichen Prinzip wie Neptune und bergen viele Schätze. Die Adressen sind auf der Website zu finden.

---

CULTURA www.cultura.com

Man erhält in dieser Kette das ganze Material, das man für kleine Basteleien benötigt: lufttrocknende weiße Knetmasse, Klebstoff, Pinsel, Farbe u.v.m.

---

LEFRANC & BOURGEOIS www.lefranc-bourgeois.com

Dieser Markt vertreibt Acrylfarben und andere Produkte wie Schieferfarbe oder Magnetfarbe in sehr guter Qualität.

---

MARIE SUAREZ www.mariesuarez.com

Ein alteingesessenes Kurzwarengeschäft, in dem man eine Menge Accessoire-Objekte erhält sowie viele schöne Stickereien.

---

EBAY www.ebay.de

Sehr praktisch, um hübsche Sachen aufzustöbern. Zögern Sie nicht, auch ausländische Seiten zu besuchen, um dort verschiedene Artikel zu finden, die Ihren eigenen Kreationen Originalität verleihen.

---

LE BON COIN www.leboncoin.fr

Eine wenig bekannte Website, dennoch findet man dort schöne Sachen.

---

ETSY www.etsy.com

Meine bevorzugte Website für Seide. Auf dieser Seite werden die Kreationen «maison» und Vintage-Objekte verkauft, daher erhält man dort Wunderwerke aus der ganzen Welt. Großartig!

---

## DANKSAGUNG

Danke an V. für alle Dinge, für die man keine Worte findet,
danke an Camille und an Dora, die Geduld gehabt haben mit einer Mama, die nicht immer für sie da sein konnte,
danke an Pascale, der mir Zuversicht gegeben hat, danke für sein offenes Ohr, seine Geduld und auch für seine Begeisterung und seine wertvolle Ermutigung,
danke an Lélia und Frédéric für ihre schönen Bilder und für das Herzblut, das sie in dieses Projekt gesteckt haben,
danke an IHN, der mir ein solch schönes Leben gegeben hat,
danke an Agnès für ihre fabelhafte Stickerei,
danke an Christine für ihre anspruchsvolle Arbeit,
danke an Dominique für das genaue und aufmerksame Lesen,
danke an meine schöne Isabelle für ihre Hilfe, danke, dass du immer für mich da warst,
danke an Catherine und Jean-Paul, ohne euch hätte ich das nie erreicht!
Danke an meine kleine Vania, die ist, wie sie ist, ich warte darauf, dass sie mit einem neuen Projekt kommt!
Danke an Françoise und Antoinette für ihre Hilfe und ihre Zauberhände,
ein großes Danke Franck und Isabelle für die warmherzige Aufnahme in ihrem Zuhause,
danke an alle diejenigen, die ich nicht kenne und die an diesem Projekt mitgewirkt haben.

Unser Verlagsprogramm finden Sie unter www.christian-verlag.de
Übersetzung aus dem Französischen: Julia Winter
Textredaktion: Dr. Renate Bugyi-Ollert
Korrektur: Claudia Welker-Sebald
Satz: Wigel, Martin Feuerstein
Umschlaggestaltung: Caroline Daphne Georgiadis, daphnedesign


Die Originalausgabe mit dem Titel *Shabby Chic* wurde erstmals 2012 im Verlag Hachette Livre – Marabout, Paris, veröffentlicht.


Die Deutsche Nationalbibliothek verzeichnet diese Publikation in der Deutschen Nationalbibliografie;
detaillierte bibliografische Daten sind im Internet über http://dnb.d-nb.de abrufbar.
Gesamtherstellung Verlagshaus GeraNova Bruckmann GmbH


ISBN 978-3-86244-184-6


Für Hinweise und Anregungen sind wir jederzeit dankbar. Bitte richten Sie diese an:
Christian Verlag
Postfach 400209
80702 München
E-Mail: lektorat@verlagshaus.de